U0631234

世界五千年
科技故事丛书

卢嘉锡题

《世界五千年科技故事丛书》
编审委员会

丛书顾问　钱临照　卢嘉锡　席泽宗　路甬祥

主　　编　管成学　赵骥民

副 主 编　何绍庚　汪广仁　许国良　刘保垣

编　　委　王渝生　卢家明　李彦君　李方正　杨效雷

世界五千年科技故事丛书

鼠疫斗士

伍连德的故事

丛书主编　管成学　赵骥民

编著　朱建平

吉林出版集团 ｜ 吉林科学技术出版社

图书在版编目（CIP）数据

鼠疫斗士：伍连德的故事 / 管成学，赵骥民主编.
-- 长春：吉林科学技术出版社，2012.10（2022.1 重印）
ISBN 978-7-5384-6135-0

Ⅰ. ① 鼠… Ⅱ. ① 管… ② 赵… Ⅲ. ① 伍连德（1879～1960）
—生平事迹—通俗读物 Ⅳ. ① K826.2-49

中国版本图书馆CIP数据核字（2012）第156282号

鼠疫斗士：伍连德的故事

主　　编	管成学　赵骥民
出 版 人	宛　霞
选题策划	张瑛琳
责任编辑	张胜利
封面设计	新华智品
制　　版	长春美印图文设计有限公司
开　　本	640mm×960mm　1 / 16
字　　数	100千字
印　　张	7.5
版　　次	2012年10月第1版
印　　次	2022年1月第4次印刷

出　　版	吉林出版集团 吉林科学技术出版社
发　　行	吉林科学技术出版社
地　　址	长春市净月区福祉大路 5788 号
邮　　编	130118

发行部电话 / 传真　0431-81629529　81629530　81629531
　　　　　　　　　　81629532　81629533　81629534

储运部电话　0431-86059116
编辑部电话　0431-81629518
网　　址　www.jlstp.net
印　　刷　北京一鑫印务有限责任公司

书　　号　ISBN 978-7-5384-6135-0
定　　价　33.00元

如有印装质量问题可寄出版社调换
版权所有　翻印必究　举报电话：0431-81629508

序 言

十一届全国人大副委员长、中国科学院前院长、两院院士

放眼21世纪，科学技术将以无法想象的速度迅猛发展，知识经济将全面崛起，国际竞争与合作将出现前所未有的激烈和广泛局面。在严峻的挑战面前，中华民族靠什么屹立于世界民族之林？靠人才，靠德、智、体、能、美全面发展的一代新人。今天的中小学生届时将要肩负起民族强盛的历史使命。为此，我们的知识界、出版界都应责无旁贷地多为他们提供丰富的精神养料。现在，一套大型的向广大青少年传播世界科学技术史知识的科普读物《世

界五千年科技故事丛书》出版面世了。

　　由中国科学院自然科学研究所、清华大学科技史暨古文献研究所、中国中医研究院医史文献研究所和温州师范学院、吉林省科普作家协会的同志们共同撰写的这套丛书，以世界五千年科学技术史为经，以各时代杰出的科技精英的科技创新活动作纬，勾画了世界科技发展的生动图景。作者着力于科学性与可读性相结合，思想性与趣味性相结合，历史性与时代性相结合，通过故事来讲述科学发现的真实历史条件和科学工作的艰苦性。本书中介绍了科学家们独立思考、敢于怀疑、勇于创新、百折不挠、求真务实的科学精神和他们在工作生活中宝贵的协作、友爱、宽容的人文精神。使青少年读者从科学家的故事中感受科学大师们的智慧、科学的思维方法和实验方法，受到有益的思想启迪。从有关人类重大科技活动的故事中，引起对人类社会发展重大问题的密切关注，全面地理解科学，树立正确的科学观，在知识经济时代理智地对待科学、对待社会、对待人生。阅读这套丛书是对课本的很好补充，是进行素质教育的理想读物。

　　读史使人明智。在历史的长河中，中华民族曾经创造了灿烂的科技文明，明代以前我国的科技一直处于世界领先地位，涌现出张衡、张仲景、祖冲之、僧一行、沈括、郭守敬、李时珍、徐光启、宋应星这样一批具有世界影响的科学家，而在近现代，中国具有世界级影响的科学家并不多，与我们这个有着13亿人口的泱泱大国并不相称，与世界先进科技水平相比较，在总体上我国的科技水平还存在着较大差距。当今世界各国都把科学技术视为推动社会发展的巨大动力，把培养科技创新人才当做提高创新能力的战略方针。我国也不失时机地确立了科技兴国战略，确立了全面实施素质教育，提高全民素质，培养适应21世纪需要的创新人才的战略决策。党的十六大又提出要形成全民学习、终身学习的学习型社会，形成比较完善的科技和文化创新体系。要全面建设小康社会，加快推进社会主义现代化建设，我们需要一代具有创新精神的人才，需要更多更伟大的科学家和工程技术人才。我真诚地希望这套丛书能激发青少年爱祖国、爱科学的热情，树立起献身科技事业的信念，努力拼搏，勇攀高峰，争当新世纪的优秀科技创新人才。

目　录

目 录

早年生活

生在槟榔屿

马来西亚北部有一个美丽的岛屿叫槟榔屿，简称槟城。这里山水秀美，景色宜人，素有"东方花园"之称。清朝光绪五年二月十八日，即公元1879年3月10日凌晨，月光皎洁，天空晴朗，预示着好运的时刻，本书的主人翁伍连德博士就在这块美丽的海岛上降生了。

伍连德出生在一个华侨家庭。从呱呱坠地的那一天起，脉管里奔流着中华民族的热血，这给了伍连德向上的力量、爱国的动力。

他的父亲伍祺学年轻时就是一位有头脑、有勇气的人。大约在公元18世纪中叶，中国广东沿海一带常有一些人漂洋过海到美国西部和澳洲淘金，也有些人则背井离乡下南洋谋生。当时，原籍台山的广州伍氏一家，长子按中国"父母在，不远游"的古训，要留守家园，不能外出；而老二、老三则和许多人一样去了美国，在加州当劳工，修建铁路，收入低仅能自保。另外三个女儿在家帮助种番薯，也只能糊口而已。当时只有16岁的伍祺学，是他父母的第四个儿子。听说南洋是一块富饶的宝地，赚钱非常容易，而且气候暖和，终年无冬。他决定独闯南洋。

伍祺学刚到槟城时，在一家金店里当学徒，主要制造中国和马来西亚儿童所戴的金银小饰物。几年后，他的手艺有了进步，开始制造手镯和踝环。另外，也加工制作发钗和耳环等装饰品。凡是他做的金银饰物，都是匠心独运，玲珑精美，为当地妇女所喜爱。一般女士只有戴上他做的饰物，才感到满意。慢慢地求他加工的顾客越来越多，事业蒸蒸日上。伍祺学觉得自己有一定的技术，羽毛已经丰满，可以独立经营了。于是，他筹集资金，自开金铺，并招聘一些能工巧匠，共同制作，竟然生意兴隆，不愁吃穿。这时，有人给他介绍了一位16岁的姑娘，叫林彩繁。她是一位华侨的女儿，父亲林道启，原籍中国广东新会。不久两人就结了婚。结婚以后，她生了五个儿子，六个女儿，其中第四个儿子就是伍连德。

伍连德，按广东客家语音拼为Ng Leen—tuck，字星联。小时候，他由一位从中国来的伍阿叔照顾。白天阿叔带他到市场去，看看市面，接触些事物；晚上则带他到观音庙里看不花钱的戏。有一次，看完戏回家。阿叔背着他，忽然感到有人拉了一下他的腿，把他吓得不敢吭声。他回家后才发现原来戴的金踝环不见了。这件事给了他很深刻的教训。从此以后，伍连德屏弃一切饰物，即使结了婚，也不戴一个戒指。

上公学

1886年元宵节过后，7岁的伍连德到了上学年龄。由于兄妹较多，家境并不富裕，他上不起学费昂贵的私学，只好到英国人设立的槟榔屿公学"大英义塾"报名上学。这时，他碰到一个小小的麻烦。中国人的名字有好几种读法，如按照国音，福建音、广东音、潮州音，就会产生很大的差别，因此拼成英文也各不相同。最后，他决定只用国音来拼写他的姓，这样他的名字拼法改为Gnoh Leen—tuck。

大英义塾建于1816年，它的特点是不收学费，思想与信仰也比较自由。伍连德是走读生，每天父亲给他二分钱，用来购买午餐。英国人威廉.哈格利夫（Wiliam HargreaVes）老师教他英语、文学、历史。哈格利夫经常强调英文的重要，也非常重视英语的发音。在这所学校里，伍连德开始接受十年的义务教育。

伍连德上学的前一年，槟城总督史密斯爵士筹设女皇奖学金，每次资助两位有培养前途的学子，每年二百英镑，以四年为期；并免费提供去伦敦的来回船费。目的是鼓励学生继续求学，让有培养前途的学子有机会赴英国进一步深造，以便获得有用的知识。

由于伍连德的刻苦勤勉，学习成绩优异，1896年他考取了当年新加坡仅有的一个英国女皇奖学金。这是一件好事，但当时还有一部分亲戚反对，他们的理由是如果去了英国，就要把脑后的辫子剪掉，恐怕将来还会娶回一个英国女子回来，因此劝说伍连德的父母把他留在本地，在岛内政府机关找个职位就行了。他的二哥力排众议，竭力支持伍连德出国留学。在伍连德的坚持下，最后父母终于同意了。

出国学什么呢？伍连德考虑再三，想起当地平民缺医少药，遭受病痛折磨的情景，决定学医，为民服务。但他不知应该进哪所大学。于是，伍连德就向当初的英文老师现在的校长哈格利夫请教。哈格利夫校长把他介绍给他的朋友，一位曾当过槟城第一任县长的英国学者温根生。温根生先生建议他进一所小型而费用较少的学院，比如剑桥大学意曼纽学院（**E-mauual**

College）之类。因为在那里，教授会给他更多的特别的注意，同时交结的朋友大多比较节俭。温根生先生还告诉伍连德，要获得一个医学学位是相当困难的。如果有志于此，不妨一试。当然，最后他相信伍连德是一位有志气的青年，不断努力，一定会成功。

从温根生家回来后，伍连德马上给有关当局写了一封信，要求进入英国剑桥大学意曼纽学院。在新加坡教育局的帮助下，伍连德办好了入学与旅行等手续。

赴英留学

他买好船票，告别了父母，登上一艘排水量有三万九千余吨的"北京"号轮船，前往伦敦。伍连德脑后拖了根长辫，一上船就成为人家的笑料，因此在还未到直布罗陀时，伍连德就花了五个先令，请来理发师把辫子剪掉。当时，辫子是中国人的象征。统治者引用《孝经》所说"身体发肤，受之父母，不敢毁伤"之类的话，长期向民众宣教，熏染，逐渐形成一种民族心理，认为断发差不多等于断头。如果有人剪去发辫，简直可以视之为不肖子孙。到了清代，满族入主中原，强令汉人必须留长辫，即使在海外的华侨也不例外。谁不留，谁就是无视朝廷，犯上作乱，甚至会招来杀身之祸。所以在当时要剪去辫子，必须有极大的勇气！

　　1896年9月初，伍连德抵达伦敦的南部，然后他坐火车到利物浦街，再取道剑桥。一路上，他发现英国人大多只顾自己，不大喜欢与人闲聊。如果要聊，也不外乎天气如何如何。有时他们高兴，也会递给你一张报纸。九十月份的英伦之岛，潮湿寒冷，所以也就没有什么可谈的了。当时，英国的火车车厢分三等，贵族坐头等，他们的仆人坐二等，一般大学生坐三等。三等车厢相当宽敞，座位分可吸烟的和不可吸烟的。乘客常常为开不开窗户而吵个不休，当然如果有女士在场，那她则可以随心所欲。伍连德也坐这样的三等车厢，他把注意力投向窗外的风景。在这里见不到崇山峻岭，也没有高楼大厦，一切都显得平淡无奇，连火车站也不过是带有遮盖的平台。火车到站后，懒洋洋的脚夫帮他拿下行李，为他叫了一辆两轮的马车，英语音为"罕塞"。因为当时汽车还没发明，这种"罕塞"就是最常用的交通工具。车夫问清了去向，便驾着马车向意曼纽学院飞驰而去。

附属于剑桥大学的意曼纽学院是清教徒领袖米德美爵士于1584年创立的。位于伦敦圣约瑟街。学院前面是一片草地，青葱绿茵，令人心旷神怡，给初来乍到的伍连德留下一个美好的印象。伍连德先到高级教师威廉劭的府第拜访他。他是一个高个子，大约50岁，背有点驼，头发连鬓都是红的，看起来有点怪异。他态度友好，询问了伍连德路上的情形，是否晕船。他说他已经知道伍连德在学校的成绩优异，他想将来在大学里也会很出色的。最后，他转达了校方的意见，把伍连德的住所安排在意曼纽路9号。

剑桥位于伦敦的东部，这是一座大学城。剑桥大学实行男女分院制，下有19个男学院、2个女学院。平时男女学生没有机会接触，两性的聚首只有在双方都认识的朋友家的茶会或宴会上。10月初，老生纷纷返校。而伍连德作为新生，还要参加一种大学的预试。学校要求穿上黑色的短制服，每天早晨必须做礼拜，否则就会受到惩罚。因为伍连德不是基督徒，可以不参加，所以他就把每天早晨做礼拜的时间用来复习功课。当时剑桥大学正在向全世界招纳优秀的学生，为科学研究培养人才。它的重点是生理学，物理学，人类学。伍连德赴英国剑桥大学意曼纽学院学医，是剑桥大学第一位中国医科学生。为了打下扎实的基础，伍连德选读了化学，动物学、人类解剖学及生理学。其中化学的理论和实验，他在槟城时有很好的基础，因而学起来比较轻松。

按照欧美人的习惯，姓名的顺序是名在前姓在后，因此伍连德的老师，同学根据他姓名Gnoh Leen Tuck的拼法，以为他姓德，都叫他"德先生"。当时他才17岁，没有意识到它的重要性，所以没有及时予以更正，一直被他们叫到毕业为止。后来他毕业成为一名医生时，在官方的记录里，他姓名Gnoh Leen Tuck

被缩写成G.L.Tuck。

　　教他病理学的胡德汉教授是英国医学节制同盟的领袖，常劝学生不要喝酒。伍连德深受影响，也加入该同盟，并终生不饮酒，还不吸烟，不熬夜、不过食，生活有节制。

　　由于伍连德勤奋刻苦，到了复活节，他荣获了自然科学优秀学生奖，因此每月获得奖学金40英镑。1898年10月，他开始第三学年的生活。这时，他已能占有一套带有家具的房间，并拥有男仆，为他擦鞋，供他差遣；另有女仆，为他整理房间，准备茶饭。1899年6月的一天，学校举行隆重的学位授予典礼。伍连德等被授予剑桥大学文学学士学位。后来，伍连德因在大考中获得"基本学者"的名衔，学校又每月给他60英镑的奖学金。这样，伍连德从女皇奖学金开始先后获得三次奖学金，经济收入比较稳定，有时还享受一些奢侈品。

　　剑桥大学开设立圣玛丽医院（St.Mar's Hospital）奖学金，名额两位。一般学生预先要通过一番严格的考试，最重要的是解剖学和生理课。入选者可以免费进入圣玛丽医院。伍连德也参加了考试，结果中选，被准许在圣玛丽医院免费听课和实习三年，成为该院第一位中国实习生。伍连德暗下决心，要好好学习，好好工作，为中国人争气。所以他把大部分时间放在业务上，很少参加社交活动。每天早晨按时到医院，不是听课，便是实习。偶尔也出诊，如去接生等。外出接生，使他有机会接触到十九世纪末英国平民的生活。他发现有的产妇住房狭小，而且肮脏，家具少得可怜，甚至连睡觉的床都没有，只是在地上铺上些干草，产妇躺在上面，等待分娩。这些耳闻目睹，使伍连德改变了以往的想法。以前在槟城，他所见到的白人，都是备有豪华的马车，雇有成群的奴仆，过着花天酒地的生活。

游学欧洲

　　1902年，伍连德获得剑桥大学医学学士学位，并在意曼纽学院的研究奖金的支持下，开始外出考察研究。他先后到英国利物浦热带病研究所、德国哈勒卫生学院及法国巴斯德研究所进修与研究，曾接受英国疟疾学家、诺贝尔奖金获得者罗斯（Ronald ross），英国生理学家，医史学家福斯特（Michael foster）、脑神经生理学家谢灵顿（Charles Scott Sherrington）、生理学家阿勒布特（Thomas clifford albutt）和代尔（Henry dale），法国巴斯德研究所的俄国动物学家及细菌学家，诺贝尔奖金获得者麦奇尼诃夫（Elie metehnikoff）等著名学者的指导。

20世纪初的几年里，德国人才辈出，如著名的细菌学家科赫，血液学家恩列治。另外，还有纳塞、科伊法等。其中科赫，他在1881年解决了纯粹的细菌问题，第二年发现结核杆菌，第三年又发现霍乱弧菌。他还最先创立传染病医院，成为后来各国仿效的榜样。他的学生中也有出色者，如日本的北里柴三郎，1889年成功地培养出破伤风菌，次年与贝林共同完成破伤风的免疫血清疗法。1894年夏，东南亚及香港一带流行疫病，他研究发现致病菌为鼠疫菌。所以，当时的德国是有志于细菌学研究的青年学者向往的地方。

伍连德从伦敦出发，前往德国哈勒。他购了一张大东铁路公司的二等联票经过荷兰的夫拉醒，跨越国界，进入德国，最后到达马德堡。在马德堡换车，向东南行驶不久到了哈勒。

哈勒是一座拥有150万人口的城市，相当于剑桥与牛津的总和。它坐落在塞纳河右岸的沙土平原上。伍连德前去进修的是哈勒大学所属的哈勒卫生学院。这所学院有几位著名的教授，如法兰克、勃慕等。

伍连德来到哈勒，先住在一个家庭旅馆里。第二天上午九点，他步行去卫生学院，向传达室递上名片，要求拜见法兰克（Karl fraenke1）教授。一会儿，法兰克教授出来了。他说一口流利的英语，面庞修得溜光。他问伍连德要作哪方面的研究，然后带他去见其他教授和助手。.

伍连德来这里主要是学习德国处理细菌的方法，同时听教授的学术演讲，他跟德国学者一起，每天为科学而孜孜以求。每逢星期一上午，他就将一周来研究的结果向主任、教授报告，同时从教授那里得到指导。如此下来，不觉时光流水，很快四个月的期限到了，他才抽空到莱比锡观光一番。

1903年5月，伍连德告别了德国，起身赶赴法国巴黎，他要到著名的巴斯德研究所深造。

巴黎是一座美丽的城市。虽然当时只有柏林的一半，但它经过拿破仑一世、三世时代法国能工巧匠之手的打扮，已成全欧洲最灿烂的都市。蜿蜒多姿的莱茵河流经市区，上面横跨着不少玲珑巧妙的桥，给原本美丽的巴黎又增添了几分妩媚。

巴斯德是法国著名的医学家，他在发酵学上的成就，对蚕疫病原的发现，对疔痘诸疾的治疗和家禽霍乱的防治都有突出的贡献。为了表彰这位医学家的功绩，人们集资10万英镑，建立以巴斯德名字命名的这座研究所。1888年正式启用，巴斯德尚活着，不过已是半身不遂。七年后他去世时，法国和欧美人民都无比悲痛。

伍连德到了巴斯德研究所，一位出生于俄国的副监督（副所长）麦尼可夫接待了他。伍连德说明了来意，即继续研究破伤风病症。在巴黎的研究工作是十分紧张的，几乎每天从上午八点钟一直干到下午五六点钟。虽然巴黎有许多消闲娱乐的去处，但伍连德除了必修的功课外，还抓紧时间学习德语、法语，因此花在游玩上的时间则非常少。在巴黎最后几天里，他开始着手撰写他的医学博士论文。伍连德尊敬师长，教授和同行们对他也很友好，诚恳而乐于助人。伍连德在巴黎的时间不长，但巴黎给他留下了美好难忘的印象。

　　伍连德回到伦敦，在生理学教授阿尔布特（Thomas allbutt）的指导下，以他在德、法两国研究成果为基础，撰写他的博士论文。论文的题目是"在动物胶上所发现的破伤风细胞"。论文完成后，阿尔布特教授开始对他的论文进行审阅，并通知他大约在8月中旬进行论文答辩。答辩的那天，阿尔布特教授和另一位专家代尔（Henry dale）出席。他们先要伍连德回答一般的医学问题，然后请他宣读他的博士论文。听完伍连德的论文，教授们又询问了他对德国哈勒卫生学院、法国巴斯德研究所的印象以及它们实验室情况，最后要伍连德谈谈毕业后回到马来亚将从事什么研究。伍连德一一作了回答。教授们对伍连德的所有回答表示满意。答辩在友爱的气氛中进行了大约两个小时，最后考官们宣布伍连德成功地通过了医学博士考试。不过.按照剑桥大学的章程，从医学士到医学博士必须经过三年时间。由于伍连德上一年（1902）才获得医学士学位，所以不能马上授予他医学博士学位，要等到1905年期满三年才能授予。这时，24岁的伍连德已是一个准医学博士了。

返回马来西亚

由于剑桥大学不能马上授予伍连德医学博士学位，于是伍连德决定去殖民地事务所找份工作。他到殖民地事务所一打听，那里的官员竟然回答他：正医官只有英国人或欧洲人才有资格担任，尽管他们的学历有时还不如殖民地人。但像伍连德这种虽是医学博士而出生于殖民地的学者，只能当一个副医官。受殖民统治的人民是二等公民，所受的歧视由此可见一斑。伍连德受不了这种不公正的待遇，他改变了主意，准备继续从事学术研究。1903年9月，伍连德接受意纽学院颁发的研究生奖学金，准备返回马来西亚，到新成立的吉隆坡医学研究院进行一年的热带病研究。

不久，伍连德告别了伦敦，搭乘一艘日本"佐渡丸"号邮轮，一个月后返回马来西亚。到了新加坡，伍连德寄住在林文庆医生家中。林文庆医生祖籍福建，世居马来西亚。他曾在1887年获女皇奖学金而到英国爱丁堡大学学医，1891年毕业，获医学士和外科硕士学位。后来他又在剑桥大学攻读一年，然后返回星洲，开设私人诊所。他是第一个从国外学医回来的华籍新加坡人，因此他的诊务繁忙，医业发达。他曾给伍连德不少忠告，如抽出一些时间，从事社会福利事业。这对伍连德影响很大。因为后来伍连德的确在医学之外，还积极参与社会公益事业。他的妻子是前福建巡抚黄乃裳的女儿，其妻妹名叫黄淑琼，当时也在他家做客。因此，伍连德有机会与她相处，终于两情依依，订了婚约。

在林文庆医生家小住一些时日之后，伍连德便于1903年10月7日起身前往老家槟城。他想在去吉隆坡医学研究院前回家看看父母。他登上一艘德国轮船，经过36个小时的旅程，最后到达阔别七年的故土。船到达槟城码头时已经是夜里11点钟了，早就等候在码头的亲朋好友，把他迎下船去。伍连德看到长辈、同学，还有年轻一代，非常高兴。他们拥着伍连德一起回到家里。他的父母早就端坐在中堂，等他的到来。伍连德跨入家门，便拜见了双亲。他跪在父母面前，献上新泡的中国茶。两位老人望着平安归来的儿子，流下激动的泪花。接下去的两个星期里，伍连德祭奠了祖先，拜望了长辈。一些亲朋好友直接或间接地问他是否与一个英国女子订婚，或者业已成亲。伍连德告诉他们还没有考虑，因为还要去吉隆坡搞研究。

吉隆坡是雪兰莪州的首府，也是马来西亚联邦的首都。当时，马来西亚最高专员和殖民地总督史惠汉爵士创办了吉隆坡医学研究院。伍连德去的时候，这座研究院只有一名监督和三名欧籍助手。主要从事当地最常见的严重危害人民健康的两种疾病的防治研究，一种是疟疾，另一种是脚气病。

　　在从事研究的同时，伍连德还广交社会名流，参加有意义的社会活动。在当时吉隆坡华人社会领袖叶亚莱的支持下，伍连德与一些志同道合者组织了一个雪兰莪文学会，目的是促进英国语文的研究以及请名人作学术报告来推广知识，沟通东西方文化。每两个星期借叶氏花园住所集会一次。最初风气未开，只接纳男子为会员。后来女子解放，男女平等的呼声越来越高，他们的文学会也鼓励女性加入，并与男会员享受同等权利。另一件有意义的事是，当时尚有许多男会员拖着长辫子，他们经过一番激烈的论争之后，最后取得一致意见，即剪去。在当时社会上产生强烈的反响。

1904年底，伍连德完成吉隆坡医学研究院的研究工作，回到槟榔屿。在朋友的劝说下，他买下一位英国女医师曾用过的医药器具以及其他设备，在珠烈（Chulia）大街开设了一家私人诊所，诊务终日忙个不停。虽然如此，他还是像在吉隆坡时那样，积极参加华侨社会活动，致力于社会改革，如禁止吸毒（鸦片）和赌博，主张男子剪掉辫子，提倡女子教育，发展体育运动及刨办文学会等。

　　伍连德在槟城的诊所业务兴旺，收入丰厚。这时，他觉得与黄小姐完婚的条件已经成熟。正好黄小姐日前已由福州返回新加坡，准备婚事。于是，他乘船去星洲，在亲友的簇拥下，他与黄淑琼小姐来到一座美国人开设的基督教教堂，举行了婚礼。婚礼一结束，他们马上乘坐海峡汽船公司的快艇，返回槟城。

　　伍夫人美丽文雅，懂英文，爱好文学。后曾用英文为中国古代四大美人即最美丽的西施、最贤德的王昭君、最爱国的貂蝉、最灵巧的杨贵妃立传，在完成最后一部西施传时，病倒了。她与伍连德情深意笃，三年后，有了第一个儿子，叫长庚。后在北京清华大学，美国霍普金斯大学文科、耶鲁大学（获哲学博士学位）攻读，最后在罗切斯特大学获医学博士学位。回国后在医药界供职仅五年即因肺疾而死。第二个儿子长福，1909年生于天津，毕业于南开中学，16岁时玩足球受寒得肺炎重症而亡。1911年有了第三个儿子长明，在6个月时，患急性菌痢早夭。因为当时磺胺类和青霉素尚未发明，感染性疾病是人类最主要的致死原因。伍夫人素来体弱，在福州读书时就得了肺病，1937年去世。

第二个妻子李淑贞，取一洋名"玛丽"，生于吉林，原籍广东，身体结实。生了五个孩子，前四个出生在中国，最后一个出生在怡保。依次是玉玲、玉珍，长生，长员、玉珠。

当时的马来西亚人与中国人一样，上至富商，下至车夫都用烟筒吸食鸦片。伍连德对鸦片深恶痛绝，倡导禁烟运动。

1906年，伍连德25岁时，创立了槟城禁烟社，并担任主席。为了帮助贫困交加的烟君子戒毒，他筹集经费，向他们提供免费的小屋，食物，药品和医疗。这年的3月，伍连德在怡保（Ipoh）组织召开了第一届马六甲海峡和马来西亚联邦禁烟大会，来自各商贸团体和各行业的代表3 000多人出席了会议。会议取得完满成功，并产生很大的社会反响。这次会议结束后的几个月里，在槟城，英属殖民地马来西亚和新加坡所有重要的城镇，都组织召开了大大小小支持禁烟的会议。

禁烟运动触犯了当地以贩毒牟取暴利的富豪劣绅，他们有的对伍连德发出警告，有的则承诺给伍连德一定的经济补偿。当这些警告无效、"补偿"被拒绝之后，他们策划了一个陷害伍连德的阴谋。1907年的一天，伍连德在槟城的诊所收到一张搜查令，理由是有人告他的药房非法藏有毒品。其实他们所指的毒品就是三年前从英国女医师那里随医药器具购来的用于医疗的一盎司鸦片酊剂。行业负责人认为，如果伍连德医疗上需要鸦片，那么他必须持有一盎司鸦片的许可证，而伍连德则没有这样的许可证。所以，伍连德很快被认定有罪，并被处以100美元的罚款。伍连德忍无可忍，向马来西亚最高法院提起上诉，但殖民地的法律没有公正可言，法院驳回他的诉状。阴谋者企图通过这一"检查事件"，引起公众的广泛注意，败坏伍连德的名声。但后来的事实证明，伍连德的医名并未因此被破坏，反而引起国际上的注意。

报效祖国

北上天津

1907年"检查事件"之后，伍连德收到两封信。一封是伦敦来的，邀请他参加禁烟会议。另一封信是中国直隶总督袁世凯来的，邀请他回国，担任天津陆军医学堂副监督（副校长）。伍连德决定接受两封信的邀请，先赴英国参加会议，然后北上天津。

伦敦禁烟会议目的是要求英国应迅速停止在印度和中国及其英帝国殖民地上所进行的鸦片贸易。在会上，伍连德介绍了海峡殖民地的贩毒情形，强调指出英国政府再也不要通过贩毒来获取高额税金了，而且应当采取其他增募税金的方法。与会者对他的演讲报以热烈的掌声。

促使伍连德返回祖国有许多因素。他生长在一个华侨家庭，从小受着中华传统文化的熏陶，学成之后报效祖国便是其中之一。他当时在槟城的医业如日中天，收获颇丰，生活优裕，但对于胸怀远大志向的伍连德来说，槟城的天地实在是太小了，加上殖民统治，很难施展他的才华，如果到了祖国，那可谓天高任鸟飞，海阔凭鱼跃。还有一个原因是他的夫人身体娇弱，不太适应槟城炎热的天气，很想回到生养她的祖国。伍连德要回国的消息一传开，病人们都纷纷前来挽留。可是伍连德主意已定，不是轻易可以改变的。

这时正值清朝末年，清朝政府腐败无能，祖国大地满目疮痍。胸怀报国之心的伍连德毅然放弃在马来西亚的优裕生活和私人诊所，决定返回祖国，用他精湛的医术，报效父母之邦。回国之前，他将自己的马来西亚姓名Gnoh lean tuck改为中国普通话拼音Wu lien teh（伍连德）。这一点足以说明他献身祖国医学事业的决心。

就在那一年，伍连德将自己经营的诊所托付给柯新吉医生，携着娇妻幼子，登上一艘北上的德国邮轮，途经香港，于1908年5月初到达上海。他把妻儿安顿在上海的一个亲戚家，自己一人改乘招商局公司的轮船，前往天津。到了天津，他先拜访了北洋医科大学的监督（校长）。这所大学是1895年李鸿章创建的，目的是培养海军外科医生。

由于伍连德早年缺少学习中文的机会，回国后深感不便。在天津北洋医科大学，他结识了同行全绍清。全绍清教他标准的北京话，为他日后学习中文打下了基础。

1908年11月14日，光绪皇帝去世。不到24小时，慈禧太后也命归黄泉。袁世凯借口治疗脚病而隐退河南安阳老家。满怀报国之心的伍连德担心这些变故会对他的前程发生影响。他赶往北京，等候消息。一天，陆军大臣铁良召见。伍连德回答了他所提出的问题，铁良感到很满意。幸好他对伍连德的学历、医术早已了解，所以接见后，立即委任伍连德为天津帝国陆军医学堂副监督（副校长）。并给月薪300两，相当于450元。工作有了着落，伍连德马上写信，嘱咐上海的妻儿北上天津团聚。此后的30年（1907—1937）间，伍连德为中国现代医学奠基和发展立下了不朽的功勋。

天津陆军医学堂是袁世凯任直隶总督时创建的，目的是培养普通的陆军军医官，来满足他扩展军队的需要，天津陆军医学堂校园宽阔，有教室，实验室、办公室，还有一个大运动场。当时，学生有200多名。开设化学、生物学、生理学、解剖学以及医学等必修课，使用的教学语言是中文和日文。伍连德发现，学校聘用了不少日本教授，这些日本人居心不良，他们只传授一些初级的医疗知识和技术，培养出来的学生最多不过是优秀的看护或裹伤员，将来中国需要高级医学人才，就不得不仰仗他们日本。这些显然与日本政府的扩展野心相一致。

由于英文不是学校规定的必修课，所以伍连德上任伊始，即专请教师讲习中文，很快掌握了一般的普通话用语。之后，他与当时的国学大师梁启超、辜鸿铭、严复、胡适等来往，逐渐对中国文化产生兴趣。

梁启超，广州新会人，曾和他的老师康有为一起，倡导变法维新。1898年进京，参与百日维新。他把西方资产阶级社会、政治，经济学说介绍给中国学人，对当时知识界有较大的影响，曾倡导文体改良的"诗界革命"和"小说界革命"。早年所作政论文，流利畅达，感情奔放，颇有特色。有著作《饮冰室合集》。

比伍连德早些服务于中国的马来西亚人是辜鸿铭。他的籍贯是福建，幼年在槟城求学时，因为聪明伶俐，被英国资本家布朗收为义子，后赴英国留学，17岁时获爱丁堡大学文学硕士。返回槟城不到一年，就北上中国，任张之洞秘书25年，著《总督衙门的文书》和《中庸之道》。辛亥革命后，曾被聘为国立北京大学英文教授。最后追随末代皇帝溥仪。

严复是伍夫人的福建同乡，曾受学于左宗棠在福州创设的海军造船所，学习成绩优异，1879年被送往英国格林威治海军大学深造。回国后，他专心翻译，先后译出赫胥黎的《天演论》，亚当·斯密的《原富》，史宾塞的《社会学》等。

胡适，安徽绩溪人，反对文言，提倡白话，主张文学革命，是我国近代提倡白话文运动的领袖。著有《中国哲学史大纲》（上卷），《白话文学史》、《胡适文存》等。

伍连德在与梁启超，辜鸿铭，严复、胡适等国学大师的交往中，对中国古籍与历史也逐步加深了认识，并搜集了不少文物，为他后来研究中国医学史打下基础。次年春天，他受陆军医学堂的派遣，赴伦敦和柏林，作为期半年的西欧军事医学考察。

受命于危难

满怀赤热之心的伍连德到天津上任后，生活和事业皆属平平，遂有壮志未酬之感。他的朋友劝他说，每个人都要经过这样的早期磨炼，要宁静勿躁，要忍耐处之，等待机会。所谓天降大任于斯人，必先劳其心志。果然机会来了。

20世纪初，我国已沦为半封建半殖民地国家，东北三省则沦为日、俄的半殖民地区，统称为"满洲"。东北三省物产丰富，如大豆、麦、黍等及其他矿物，如金、铁、煤等，应有尽有。日俄战争（1904—1908）以后，日本占领了大连至长春的一段南满铁路。长春以北为俄国人占领的中东路。日、俄两国对我东北三省物产垂涎欲滴，对我东北三省主权虎视眈眈。

原来自1910年12月中旬以来，肺鼠疫幽灵般地向东北大地肆虐。没几天，吉林、黑龙江两省死亡39 679人，占当时两省人口的1.7%，哈尔滨一带尤为严重。并迅速向关内蔓延。面对死神，地方当局束手无策，人们纷纷外逃。当时清政府中还没有设立专门的防疫机构，日，俄两国趁火打劫，借口保护侨民，企图独揽防疫工作，甚至以派兵相威胁，以攫取我警务主权。清政府迫于压力，急忙派专家前往整治。这时，外务部顾问施肇基向当局推荐了伍连德，拟委任伍连德为全权总医官，领导东北的防疫工作。

施肇基，江苏人，获美国康奈尔大学硕士学位。1905年作为前往欧美考察各国宪法的帝国使节团团员，经过槟城时，结识了伍连德。1907年，他出任哈尔滨道台。当疫情发生时，他深知东北三省的政治位置，如果中国不迅速扑灭，日俄两国将横加政治压力，后果不堪设想。因为他了解伍连德，知他毕业于英国剑桥大学，获医学博士学位，还在英，德，法国专门研究细菌，学术深邃，见识广大，委以防疫重任，最为合适。于是向朝廷力荐，得到政府的同意。随后，他立即给天津帝国陆军医学堂的伍连德发去一份电报，要伍连德速赴京城，有要事相商。伍连德看完电报，即刻收拾行装，赶往北京。面见施肇基后，才知近日哈尔滨疫病猖獗，急需一位细菌学专家前往调查病源，如果可能的话将其扑灭。伍连德听后，顿感报效祖国、救民危难，施展自己才华的机会终于来到了。因为自从回国以来他一直渴望从事细菌学研究，所以二话没说，立即应允。

东北第一次鼠疫大流行

从北京回到天津，伍连德用两天的时间，准备了防疫所用的东西，如英国制造的中型高倍显微镜、酒精、试管、剪刀、钳子及其他实验室所需的物品。

1910年12月21日，伍连德冒着严冬凛冽的寒风，和他的助手天津帝国陆军医学堂的高材生林家瑞一起登车急赴东北。他们途经山海关，抵奉天（今沈阳）后，换乘日本人管理南满路的火车到长春后，还须改乘俄国人管理的中东路的火车，终于在24日下午到达哈尔滨。

哈尔滨的天气异常寒冷，在零下几十度，口中的哈气一出口便结成冰碴。

为了了解疫情，第二天早晨，他们拜望了哈尔滨衙门的余道台。余道台向伍连德介绍了当地的疫情。疫情非常严重，其中有一种疫病，先发热、咳嗽、吐血，不久便死亡，尸体皮肤酱紫色。这种疫病最先在哈尔滨附近，一个约有24 000人的小城市名叫傅家店发现的。

余道台还说，日前清朝熙良总督派两名天津医科大学毕业生姚氏和孙氏前往。他们的工作只是将病人从一处运往另一处，对死者，则是买口棺材，予以掩埋。人手不够时，就请当地警察帮忙。由于得不到有效的医治和处理，患疫者不断增加，疫情似火燎原。

余道台建议伍连德先拜访俄国铁路局总督贺威将军及各国领事，然后访问傅家店官员。

伍连德经过一番考虑，决定先去访问傅家店市内的中国同行，掌握第一手材料，然后再找外国有关官员。他和助手坐了一辆俄国式的四轮车赶到傅家店，了解到傅家店有一位开客栈的日本女子于12月17日突然得病，咳嗽吐血，很快就死了。伍连德决定对死因进行调查。他和助手来到现场，只见死者穿着廉价的和服，躺在一间黑暗而杂乱的屋里。他们先把她胸部软骨部分移去，然后将注射器插入她的心房，抽出两管血，后来又从肺和脾脏里取出血液，都涂在薄玻璃片上，准备带走检查。

当时没有实验室，他们就租用总商会的一间房子，用高倍显微镜检查玻璃片上的血液，发现椭圆形的疫菌及其组织。对患肺鼠疫而死者作细菌学检查，这在傅家店是第一次，在东北三省也是第一次。他一边将情况向"北京"当局和当地政府报告，一边请余道台、县长和警察长都来亲眼观察显微镜下的细菌。果然眼见为实，使他们深信不疑。

伍连德根据所掌握的流行病学知识，进一步查出傅家店的肺鼠疫来自满洲里。大约在10月24日，满洲里的某个村镇里的俄国人最先被传染得病。当时，世界皮毛市场对土拨鼠（又称旱獭）皮的需求量陡增，从而吸引一大批来自非疫区猎取土拨鼠的新猎手。当地有经验的老猎手能识别土拨鼠是否染疫，他们知道那些在荒野里行动迟缓、步履蹒跚的土拨鼠大半有病，故有意不猎。而新猎手主要来自山东。而他们身材高大，体格强壮，在草原里潜伏数日，捕获土拨鼠。也有人猎取土拨鼠，剥取皮毛，染黑，假冒貂皮，卖给西方妇女。由于新猎手缺乏辨别的经验，为了更多地猎获土拨鼠无论土拨鼠有无染疫，一概作为猎取的对象。他们猎获之后，携回所住的小客栈，就地剥皮。在那些拥挤不堪，空气污浊的地窖旅店里，一人得病，可传遍旅社，并随旅客的流动而传往他地。9月间，发现此病后，病人越来越多，老百姓开始乘中东路的火车逃往东南方城市哈尔滨。这条260多千米路的沿线有大小许多站，陆续有人下车，传染病也就这样传播开来，傅家店也不能幸免。

伍连德组织力量，顺藤摸瓜，陆续查明各地首例病人发病的时间，然后证实鼠疫蔓延的走向：从满洲里开始，经齐齐哈尔到吉林市，哈尔滨、双城、长春、奉天（沈阳）、新民、锦州，天津、北京、秦皇岛，济南。疫情是沿着铁路向南蔓延。在疫区的外地猎手和民工坐火车回家时，将鼠疫的"火种"沿路传播开来。

在这种情景下，伍连德指出：傅家店发生的肺鼠疫已为医学所证实，并且正在蔓延之中，应集中全力予以消灭。具体措施是，严格管理满洲里至哈尔滨的火车；并巡查开放的道路和河流，注意疫病的传播；请求有关方面提供医疗用房，配备更多的医生和护士，筹集款项，以作防疫之用；争取日、俄铁路当局的支持，做好铁路疫情控制；注意疫病是否沿京奉线（北京至奉天）南下，一旦发生疫病，应设立防疫医院及隔离营等，严格控制。

在傅家店市区北部，他们租了一所房子，当做消毒站。从日本药房买来许多硫黄和石炭酸，姚医生常把硫黄放在罐里，点燃，浓烟熏杀空气中的细菌，将石炭酸兑入40倍的水喷射室内，消毒除秽。消毒站中的一间屋子用作实验室，伍连德就在这里做他的实验。

伍连德对疫情作了一番调查以后，已经心中有数。他想可以找有关外国官员谈谈，看看有关各国对防疫的态度。

为了得到俄方的配合，12月31日，伍连德访问了俄国铁路局总督贺威将军，在场的还有该局医药处主任波兰人埃新斯基、哈尔滨俄国防疫局局长柯契洛夫和铁路医院高级医官波古契。伍连德向他们通报了疫情，引起他们的关注。埃新斯基还索看了在傅家店所拍摄的有关肺鼠疫的照片。贺威将军表示凡他能力所及，将乐于帮助。并邀请伍连德参观他们办的医院。

新年前夕，伍连德就防疫事务，拜访了日、俄两国总领事和英、法、美国领事。日、俄总领事似乎更关心政治。英国领事态度冷淡，对中国人的防疫能力表示怀疑。法国副领事也只在伍连德谈到曾肄业于巴黎研究院时才感到一点兴趣。美国领事洛奇格林态度比较友善。他认为中国人民面对危险的瘟疫，如果有良好的组织和防止的决心，那么没有理由不会成功地防止疫病。在当时，他的这一番话对肩负防疫重任的伍连德来说，无疑是一种鼓励。

伍连德参观俄国防疫医院，主管医师是28岁的哈夫金。他的叔父是一位著名的医生，曾在印度孟买主持防止鼠疫工作，发明一种防疫注射液。哈夫金也注射了这种防疫针，以为足够安全，不需要其他防护工具，所以入病房时，只穿一件白色的长袍，戴着白帽，而不戴口罩。因此，他也不给伍连德配备口罩。他们就这样进了病房。病房里有八个病人，六个中国人，两个俄国人。病人都发高热，且脉搏很快，有几人还有轻微的咳嗽。哈夫金弯着腰，检查病人的前胸部和胸背部。接着请伍连德检查，伍连德深知肺鼠疫是一种烈性传染病，病菌可以通过病人的唾沫播撒。一被传染，后果不堪设想。他只检查病人的胸背部，同时把头抬得很高。没有口罩，在病室里待了10分钟，这种反科学的做法使人感到很恐慌。哈夫金见此，觉得很好笑。后来的事实证明，他们医院的几位职员因此染疾身亡，他自己也未能幸免。

发生疫病的报告不断从市区和铁路区传来。俄国人所在铁路区的病人总是往中国区送，而中国区的一些客栈，备有火炕，有利于病人咳嗽时把病菌播撒开来。

伍连德自到哈尔滨之后，随时将有关疫情向施肇基报告。东北各地陆续发生瘟疫的电讯不断传往京城，引起北京方面密切关注，甚至有些恐慌，因为它近似于中古时代使欧洲数百万人丧生的"黑死病"。因此，政府下令全国有关医学机构，征召医生和护士前往东北，协助伍连德工作。

应征者颇为踊跃。其中有位天津北洋医科大学教授法国医生梅思耐，他以前是军队的外科医生，他路过奉天时，曾要求总督熙良委任他为防疫主任，取代伍连德的位置，但被总督拒绝了。但这位洋人自命不凡，事事想凌驾于伍连德头上。当时，伍连德对这一切并不清楚，他亲自到旅馆去看望梅思耐，并和他讨论防疫问题。伍连德向他介绍了疫情，说这里流行的是表现为严重的急性肺炎的一种鼠疫。它的临床特征是咳嗽吐血，突然死亡。最重要的预防措施是把病人隔离，不使它传染给别人。梅思耐却不以为然，认为伍连德经历不如自己丰富，因为当时他已43岁，而伍连德才30岁。伍连德不和他争辩，只是微笑。这可气恼了这位洋人。他以威胁的口气，大声地对伍连德说："你这个中国人，怎么敢讥笑我，违抗你的上峰？"伍连德不愿把事态扩大，他马上回答道："很抱歉，梅思耐医生，我原想我们的谈话是友好的，料想不到会发生这样不愉快的事。我现在没办法，只好向北京施肇基报告。"说完就转身退出。他想："道不同不相为谋，我不能与这种蔑视他人的人合作。"伍连德回到自己住的旅馆之后，草拟了一份电文，向上级请求辞职。电报发出后，他静候回音。过了一天一夜，回电来了。电告：梅思耐的职务已予停止，伍医生可照常继续其防疫工作。在外国人无视中国人，想干涉中国防疫主权时，伍连德表现得很有骨气。在洋人面前，伍连德不是卑躬屈膝，媚脸相迎，而是不卑不亢，傲然挺立，巍然一丈夫也！

梅思耐接到通知以后，前往俄国防疫医院，哈夫金请他一起去检查病人，同样也不带口罩，终因传染致病，咳嗽，高热，昏迷，脉搏很快，皮肤呈紫色，暴亡他乡。梅思耐之死，引起强烈反响。俄国防疫部门查封了一间三层楼的大旅馆，将旅馆内患疫病人穿过的衣服清理出来，统统烧掉，并用硫黄和石炭酸对所有房间进行消毒。这个消息传到各地，给人们敲响了警钟，使人们更加意识到疫病的严重，疫势的迅猛，不敢等闲视之。梅思耐之死，还使人们认识到口罩的作用，于是供防疫用的口罩大量生产出来，连素来不戴口罩的俄国医生哈夫金也带上了。

梅思耐死后，伍连德全权主持防疫事务。中国政府官员也表示衷心支持伍连德消灭鼠疫。在政府的支持下，伍连德对防疫工作更加努力。

但这时疫势很猛，防疫医院住满了病人。有时一天内要死亡40—50人。但由于防疫人员太少，形势一时很难改观。后来陆续来了七八位医生。伍连德把他们组织起来，开会讨论，最后决定采取以下防疫措施：

一、将傅家店分为四区，每区由一位医药大员主持，并选聘足够的助理员，从事挨家挨户的检查工作。一旦发现患疫病人，马上将他送往防疫医院，并隔离其亲属，安置在从俄国铁路局借来的货车里，以防传染给别人。

二、为了加强疫情控制，将原来从事检查工作的警察撤出，改由医药专业人员担任。

三、从长春调1 600名步兵来哈尔滨，实行严格交通管制，尤其是对流动人口。

四、征募600名特别警察，在医生的监督下，做些辅助的防疫工作。

五、制订居民行动规则。每区居民必须在左臂上佩戴政府发给的证章。这种证章分为白、红、黄、蓝，分别代表一、二、三、四区的居民。居民只能在本区范围内行动，如想去其他区，必须申请特别通行证。驻军也必须遵守这一规则。凡城外的士兵，没有特别通行证不得进入或离开城市。

每区驻有1位医药大员，2位助理员，4个学生，58名卫生侍役和26个警察。此外配备12辆马车，用作运送病人和死者；担架16副，用来抬送病人。城外有1 200名兵士，城内有600名警察，都为实施这些防疫措施而齐心工作。

伍连德在他晚年所写的《自传》中回忆当时的情景，说："我扮演了庞大组织的'总司令'角色，对医生，警察、军人，甚至地方官吏下命令。"他指挥的三千由各类人员组成的防疫大军，夜以继日地战斗在鼠疫防治的第一线上。这一切充分反映了伍连德所具有的出色的组织才能。

由于中国政府的支持，也由于伍连德对疫情的科学判断，采取措施的得当和防疫工作组织得有条不紊，从而取得一些国家的信任和配合。这时的俄国当局对防疫工作表现得颇为合作。

鼠疫是由鼠疫杆菌引起的具有高度传染性的烈性传染病，死亡率极高。目前仍是我国规定的甲类法定传染病之一。所以在当时虽然采取了不少措施，但死亡人数还是不断上升，每日达到上百人，最高时甚至达183人。死人的埋葬成为当时非常突出的问题。政府主张正式埋葬，如发现街上有病死的尸体，就派人将其收敛于棺木之中，然后送往城北，安葬在公共墓地。后来死者太多，棺木供应不上，只好将尸体埋入土中了事。即使这样，由于疫情在加重，死人不断增加，同时正值东北天气严寒，地上积雪厚达2米，掘地埋尸也很困难，结果尸体在雪地上排着长蛇阵，竟有500米长。

正月的一天，伍连德来到墓地察看，一排排待葬的"长蛇阵"，真是触目惊心。他想，这对公共卫生太有害了。

现代研究表明，引起鼠疫的鼠疫杆菌是一种革兰氏阴性的小杆菌。一般在温度0℃—45℃就可生长，以30℃为最好。鼠疫杆菌耐寒冷，在冰冻的尸体中可生存数月，在液中能活3个月以上。它对热敏感，55℃15分钟即失去活力，直射日光下3—4小时即死亡；还对来苏尔、石炭酸敏感。

伍连德想：必须尽快处理病尸。于是，他拟定了一个集体火葬的办法。可是实行起来，非常困难。因为中国人历来崇奉祖先，一直采用土葬，数千年来形成的习惯，牢不可破。谁要把父母遗体用火焚毁，那简直是莫大的亵渎，其罪不可饶恕。

但除了火葬外，没有更好更有效处理尸体的方法。这时，伍连德想到了皇帝的圣旨。在封建社会里，皇帝具有最高的权威，只有皇帝的圣旨才能使老百姓听命。于是他与当地官绅商量，取得他们的同意后，写了奏章，言明病尸陈于路旁，对于百姓和防疫人员都是一种严重的威胁。因为这类尸体含有病菌，一般工人害怕传染，都不愿收埋，听任病尸抛露野外。如果虫螫鼠咬，将病菌四处传播，那后果不堪设想。因此，呈请皇上下一谕旨，将此两千左右的疫尸全部火葬，以绝后患。同时，全城官绅也联名上书吉林巡抚，要求准予火葬。时间一天一天过去了，到了第三天下午，北京外务部发来电报，说皇帝批准伍连德的请求，可以火化病尸。

1911年1月30日，伍连德召集医务人员开会，商量焚化尸体事宜。第二天一大早，200名雇工把棺木与尸体集中在一个地方，然后每一百具为一堆，尸体间杂入木柴，共分成二十二堆。堆好后，浇上煤油，以助燃烧。火葬结束后，将所有骨灰埋入一个新挖的土坑中。原来长达一里的棺木与病尸，经一天的火化，竟像魔术一般变得荡然无存了。

这是中国历史上第一次集体火化的典礼。焚尸时，特请政府文武大员前来参观。俄国防疫部门的官员也目睹了火葬，并跟着仿效起来。据说，他们在2月份共火化了1 416具尸体，其中有1 002具是从坟墓里挖出来的。由于火葬是当时最简便最卫生的处理病尸的方法，因而在其他疫区也很快被仿效施行。

举行火葬的第一天，正巧是中国传统佳节——春节。中国区里24 000人口已经死了四分之一，新年之即却被瘟神所笼罩，到处可以听到悲哀的哭泣之声。这时，伍连德领导的防疫总部向居民散出传单，提倡燃放鞭炮，不但可以在室外放，也可以在室内放。春节期间燃放鞭炮是我国的传统习俗，它有两种意义：一是驱除邪恶，包括病魔；一是招来好运。从现代科学观点来看，燃放鞭炮后，从鞭炮中释放出来的硫黄，足能杀灭空气中病菌，起到对环境的消毒作用。在当时空气中飘舞着疫菌，大量燃放鞭炮，比一般的喜庆更有着深层的意义。

由于采取有效而果断的防疫措施，从实行火葬的那一天起，病亡率开始下降，到3月1日，大部分疫区已经被控制，再没有人病死。另外，其他部分地区的疫情，到了4月份也告止息。

这期间各地疫病致死人数：

地区	疫病始发日期	死亡人数
黑龙江省	1910-10-20	15 295
吉林省	1911-01-16	27 476
奉天	1911-01-02	5 259
旅顺和大连	1911-01	76
奉天至京津一带	1911-01	1 693
北京至汉口一带	1911-01-12	173
自北京经直隶山东而至浦口	1911-01	928
山东省	1911-02-01	1 562
共计		52 462

东北三省第一次鼠疫大流行波及五省两市，流行距离达2 700千米，流行时间长达7个月。如果把未记录在案的死亡人数计算进去，那么1910至1911年因鼠疫而死亡的人数将不少于6万人。

关于1910—1911年东北的鼠疫，伍连德先后于1911年4月在奉天国际防疫会议的报告和专著《肺鼠疫论》中作了详尽的论述，后者还由日内瓦国际联盟发行。

1910年末，肺鼠疫在东北的北部大流行，流行趋势由北向南。政府委派伍连德来哈尔滨领导防疫，为收容治疗鼠疫病人，他先后在东北几个防疫要地哈尔滨，满洲里，黑河、同江、依兰，齐齐哈尔，营口等处设立防疫医院。

伍连德于1911年1月在哈尔滨建立第一所鼠疫研究所并出任所长，当时他只有32岁。由于他精通细菌学，流行病学与公共卫生学，加上不顾个人安危，深入疫区，调查研究的工作作风，并采取了控制交通，加强检疫、隔离疫区，火化鼠疫患者尸体，建立医院收治病人等行之有效的措施，使这场震惊中外的瘟疫在不到四个月就很快得到控制。

伍连德出色的科学才华，卓越的组织才能，严谨的工作风尚和为科学勇于献身的精神，受到政府和国际的信赖和支持。为表彰伍连德的功绩，清政府授予他帝国陆军少校的军衔，已有觐见皇帝的资格。当时宣统皇帝年幼，遂由摄政王载沣亲自接见伍连德，授予他陆军蓝领军衔及医科进士。俄政府授予他二等勋章。自此，伍连德被国内外尊为防疫科学的权威。

国际防疫大会

1911年3月初，伍连德接到施肇基从北京发来的电报，要他出席并主持4月份在奉天（今沈阳）召开的国际防疫大会。并称不惜任何费用，要把会议办好。伍连德接到电报后，马上将哈尔滨的防疫事务交由北京人庄医生代理负责，自己启程前往沈阳。哈尔滨离沈阳有近600千米，乘快车只需12个钟头就可到达。不过中途尚须换车，先乘俄国人管理的中东路到长春，然后改坐日本人管理的南满路才能最后抵达。

到了沈阳，伍连德受到奉天总督的代表和其他官员的欢迎。来自广州的英文秘书徐先生作陪同。从徐秘书处得知有关会议的情况。徐秘书告诉他，这次会议将于4月3日开始，到4月12日结束。会址选在沈阳外城东南角小河园。外宾安排在附近中央大厅的房子里，房间内已经被布置得像一等旅馆那样豪华，并派高级厨师掌勺。为所有出席国际科学会议人员免费提供食宿等费用，这在中国还是第一次。

第二天，伍连德先后拜访了东北三省两位大人物。一位是总督熙良，满洲人。他性情温和，比较民主。他告诉伍连德："当初，那位法国医生要求我把他置于你之上。按照他的意见，你太年轻，阅历不足，应由一个外国人来管理。当时我还不认识你。但我觉得他的态度不对，因此叫他先到哈尔滨看看情况再说。"伍连德防疫的成绩，使这位长官感到"很高兴"，因为他当初"能坚持自己的意见"。另一位是财政厅韩厅长，江苏人。他对防疫费用的拨款，非常慷慨，总共达500多万元。

3月22日，本次国际防疫会议最高委员施肇基抵达沈阳。他负责这次会议非专业方面事务。

大会筹备工作就绪后，各国代表亦陆续来到。俄国来了6人，以柴波洛耐教授为首，其中有2位女医生。美国2人，英国3人。日本自1905年战胜俄国以来，飞扬跋扈，不可一世，在南满经常制造政治事端，将南满视同他们的领土。因此，这次会议，日本来了以北里柴三郎教授为首的5位代表，另外还有许多专家和助手，意在人数上压倒其他国家。

4月3日，阳光灿烂，景色宜人。上午10点，总督熙良和皇室专员施肇基及其随员，穿着朝服，进入宽敞的会客大厅，与各国代表以及外交使节等其他宾客，一一握手。

然后，会议举行开幕式。首先，总督熙良宣读了皇上的圣旨。接着，熙良、施肇基分别致词。施专员简略介绍了我国东北三省5个月来疫病流行以及防疫情况，并提请到会医学家就疫病的发生、传播、处理方法以及预防该疫病的再次发生等12个有关问题进行充分讨论。他在发言中，特别赞扬了担任本次会议主席的伍连德博士。他说，在过去的5个多月中，伍博士深入最危险的疫区，从各个方面研究疫病，采取有效措施，终于控制住瘟疫。

俄国柴波洛耐教授代表各国来宾讲话。他说，我们当中有许多是毕生从事细菌学研究的，但对东北三省所发生的如此厉害的肺疫疾，也感到生疏。因为在我们的记忆中，这种疫病在其他地方没有发生过。幸好我们已经有5个月的防疫工作经验，可以采用适当的方法，来防止疫祸的重演。

第二天上午，大会主席伍连德作报告。他说，这次发生的疫疾非常突然，虽然我们努力去救治，但死亡仍然很大。以前在西伯利亚、蒙古也流行过瘟疫，但规模都没有这次之大。而且从前发生的疫病与今天不一样。接着，他讲述了这次东北流行疫病的起源和经过。指出有两个因素与造成中国区（傅家店）疫症流行有关：一个是天气寒冷，零下30℃，居民整天蜗居在有火炕的屋里，疫菌得以滋长；另一个是房屋太低、太脏，太拥挤。当然，实际上疫病的发生并不完全如此。因而，他提请代表们讨论。同时，他还介绍了两个有益的经验。一个是铁路局的货车在疫病爆发时最适宜用来作为紧急隔离之用，平均每一节车厢载20人，使他们远离病人，预防传染；另一个是将染疫而死的尸体，不管有无棺木，一律投入火中，彻底烧毁，这样清洁卫生，有助于疫病的消灭。

伍连德讲话之后，会议开始专题研讨，出席会议的各国专家充分发表了他们的见解。这样的专题会总共开了23次，包括病理学、细菌学、流行病学等，交流了各国防治鼠疫的研究成果。

会议期间，还组织代表游览大连风景名胜，参观哈尔滨防疫医院和实验室以及火葬场。

4月23—28日，代表们讨论制订并通过了大会报告书。然后举行隆重的闭幕仪式。总督熙良致闭幕词，接着荷兰西华医生代表各国致答谢词。施肇基作为皇室专员充分肯定了会议的成绩，也指出会后还有许多问题需要解决，如关于疫源还是一个谜，对患疫病人的处理尚缺乏适当的方法。他认为参加会议的"每一个人都尽其职责，对大会的贡献很多"，他"还要感谢伍连德主席等大会职员，他们对于所负的任务，维持着最高的效率。"最后，作为本次大会主席的伍连德讲话，他对各国专家在学术问题上所持认真的态度，以及以主席的礼貌对待他本人，表示感谢，最后宣布大会圆满结束。

这次会议时间长、规模大，有关的活动还持续到会后。4月29日，全体代表坐中国人自办的华北铁路局火车从沈阳出发，经锦州、山海关，天津，到北京前门站。中国外务部作为东道主的代表出面招待了各国贵宾，除大小宴会外，还有摄政王代表幼主举行的游园会、交谊舞会以及参观孔庙，喇嘛庙、美术馆、紫禁城、颐和园。宽广的城墙，古老的松柏，美丽庄严的宫殿，雄伟绚丽的建筑，使洋人们感到中国的艺术与文化是举世无双的。

1911年4月，在奉天（沈阳）召开了国际防疫会议，有中、美、英、法、德、俄、日本、意大利、荷兰、奥地利、墨西哥、印度等12国医学专家参加。这是在我国召开的第一次国际学术会议。按照当时国际会议惯例，会议用语一般只用英、法、德三种语言。为了表示对我国的尊重，这次会议增用了中文。

这次会议开得很成功，使我国医学在世界上的声誉大增。我国著名历史学家、后来曾担任北京师范大学校长的陈垣先生当时根据有关书信、报纸、电讯等资料，撰著成《万国鼠疫研究会始末》一书，对大会的整个过程，诸如各项议题，发言，作了详尽的记录。陈垣先生称赞伍连德致力于国家医学，受命于外国胁迫之际，为"吾国后起之英"，学术品德"为世人所推重"。

东北防疫回来，伍连德被委任为外务部医官。当时外务部在北京东城区东堂子胡同，为工作方便，伍连德在这条街上买了一套住宅。以后，他一直在外务部任医官，达20余年之久。同时，在陆军部与外务部的同意下，伍连德仍保留天津陆军医学堂副监督的职位。他到天津与家人团聚一段时间后，便返回哈尔滨。

主持东三省防疫事务总管理处

伍连德这次到哈尔滨，是计划在那里筹建一所防疫机构。他的计划受到当局重视。

辛亥革命后的1912年，南京临时政府鉴于鼠疫大流行的惨痛教训，决定在哈尔滨设立"东三省防疫事务总管理处"，以指导各地防疫医院的工作。地址选在哈尔滨市道外水晶街（今保障小学校址）。任命伍连德为处长兼总医官，全权负责东三省的瘟疫防治事务。

该处隶属外交部，经费由税金供给。当时税金由英国支配，因而该处也在英国势力控制之下。每年有6万两的拨款。经费由伍连德兼作总办，此外尚有哈尔滨税务司司长英国人任名誉总办，监督财政。一切由总医官兼总办批准的支出包括工资等，均由名誉总办支付及管理。在当时，这笔拨款对于支付新建防疫机构的各项经费来说，还远远不足。

伍连德是当时中国医学界的著名人物，在社会各界颇有影响。他这次来哈尔滨的目的也正好要建立一所防疫机构。为此，他非常卖力，东奔西走，八方游说，终于从东三省总督府和海关等处筹来资金，添置了必要的设备，并聘请了有关专家。这些专家多数是早年留学国外的南方人，另外还有德国、奥地利、俄国医学专家，共几十人。

东三省防疫事务总管理处成立之后，开展对土拨鼠的观察和对肺鼠疫病尸体的检验。通过研究，对鼠疫有了更充分的了解，从而更能有效地控制恶劣的形势。他们动员从事猎取土拨鼠的农民，在狩猎之前，先打预防针，同时还遵守有关保护他们生命的简单条例。甚至一些原本只听命于本政府的俄国人也愿意接受中国医生的劝告。由于该处的努力工作，近十年的时间里，东三省没有出现严重的疫病，也没有因疫病而亡的人。

鼠疫平息后，伍连德除了作考察、调查、研究外，还致力于著述。他先后出版了《肺鼠疫论文》，《防疫手册》，《中国医学史》，《东三省防疫事务总管理处报告书》，《华北疫势之研究》等。

1928—1930年，通辽一地因为有许多家鼠和野鼠而不时出现几例鼠疫病人，东三省防疫事务总管理处派员前往，研究疫情，直到扑灭。

为了更好地开展防疫工作，伍连德筹划着建立一个遍及东北三省各地具有医院实验室的防疫网络。继1912年在哈尔滨建立医院之后，1912—1928年，属于这一网络的防疫医院陆续建立起来，如滨江、满洲里、三姓、大黑河、营口等防疫医院，这些防疫机构坐落在水路和陆路口岸，对于检查、控制疫病有着重要的战略意义。事实证明，这些机构在后来多次疫病流行时发挥了积极的作用。

我们不能不敬佩伍连德作为一个防疫专家对全局高瞻远瞩的眼光！

这些在滨江（哈尔滨）、满洲里、齐齐哈尔，拉哈设立的防疫医院，平时应诊，疫时防治。滨江医院是当时傅家店（今哈尔滨市道外区）唯一的诊疗机构，由伍连德亲自兼任院长。

在伍连德领导下的防疫处从事了很多出色的工

作，并以他的名义发表了许多在现代医学史上有意义的论文和报告，如《宣统三年（1911）奉天万国鼠疫研讨会报告书》，《论肺鼠疫》，《民国十八年（1929）东三省鼠疫之研究》，《东三省防疫事务总管理处报告大全书》第1—7卷等。后者每卷200—300页，并有插图，卷首还有黎元洪、张作霖等题写的"蓄精研奥"，"医学津逮"等语。可见，在伍连德的苦心经营之下，东三省防疫事务总管理处得到不断地发展，成为东三省颇具规模、有相当实力的防疫卫生中枢和民国时期的防疫研究中心。

见重于政治要人

1911年10月爆发了辛亥革命。不久，伍连德应邀出席在海牙召开的国际禁烟会议。会后，他专程前往英国剑桥大学，在母校导师的实验室里做鼠疫病理研究，取得了重要的数据，为撰写鼠疫研究论文准备了资料。第二年初，伍连德取道西伯利亚，返回北京。这时，袁世凯已窃取了"中华民国"总统的大权。

　　1913年6月，袁世凯总统接受海军提督蔡廷干的建议，接见了伍连德。他赞扬伍连德在东北三省扑灭鼠疫的伟举，并表示准备委任伍连德为他的医学顾问。鉴于伍连德仍主持东三省防疫事务总管理处，因而允许他可以不常住在北京。

　　1914年初，袁世凯请人起草临时宪法，目的是将大权集于总统一身，并把总统任期由5年延长到10年，而且期满后，还可连选连任。袁世凯称帝之心已昭然若揭。这时，日本乘西方列强摆阵欧洲，无暇东顾之机，出兵山东，进占青岛，并向袁世凯政府提出令中国屈辱的"二十一条"，袁世凯为了得到日本人对他称帝的支持，竟然于1915年5月25日同意签约。消息传出，国人愤慨。著名学者梁启超对于袁世凯复辟帝制更为痛心疾首，反对尤加。他声称如果袁世凯不改弦易辙，他就辞去司法部长之职。结果无效，他即挂冠，出走天津。

　　在天津，他发表了一篇抨击君主政体的历史性长篇檄文，一时中外传颂，交相赞誉。梁启超的弟子蔡锷将军起兵云南，讨伐袁世凯。袁兵为其正气所感动，纷纷倒戈。同时，日本虽然得到"二十一条"的诸多特权，却不予支持，相反还敦促袁世凯放弃帝制。在内外交困的形势下，袁世凯万般无奈，乃于1916年3月22日下令取消帝制。袁世凯称帝不到一百天，就在国人的唾骂声中倒台了。

袁世凯下台不久，就一病不起。许多医生被请去为他诊治，伍连德亦在其中。伍连德和另一个受过西医训练的医生负责检验诊断，他们注意到袁氏面容肥满，两脚肿胀，高血压，心跳无力，是糖尿病合并肾炎的征象。但他们被规定不负责治疗。另外一些医生有的认为是"内热"所致，有的认为起因于"阴阳失调"，还有的说是"元气亏损太甚"，各开各的方。最后采用哪一个方，得由袁世凯的大太太和几个小老婆来选定。真是"厨子太多，熬不成汤"！群医束手，杂药乱投，很快袁世凯便呜呼哀哉了，一命归天！

1916年6月，副总统黎元洪继任总统后，任命伍连德为总统特医。同时，伍连德还兼任京汉、京张、京奉、津浦四条铁路总医官。

北伐时期，蒋介石在南京拟请伍连德为北伐军陆军医务主任，负责整个医务部，并作必要的改革。伍连德觉得军队中的医官一般凭一点经验，并无丰富的医学知识，如果要实行改革，将会遭到反对。因此，他没有答应。

后来，冯玉祥也劝他放弃满洲的防疫工作，留在北伐军里任职。但伍连德在与蒋、冯的接触中，觉得这两人的性格迥异，志向相悖，不可能长久合作下去。如果留下来，将会夹在两面战火之中而无退路。伍连德返回北京，与夫人商量，夫人也认为，"伴君如伴虎"，还不如继续留在哈尔滨，做实实在在的防疫工作为好。于是，他修书给蒋、冯二人，表明不能离开原职的苦衷。后来，蒋，冯果然反目，打起内战来了。

伍连德名闻天下，受到政府要人的推重。但他并不因此而沾沾自喜，而是利用自己的名声为我国现代医学事业办更多的实事。他看到当时我国较完善的大医院都是外国人开设的，总觉得不对劲。他寻思着要修建一座我们中国人自己的现代化大医院。后来，他借能接近政府要人的有利条件，争得政府的支持，并多方筹集资金，终于于1918年1月建成北京中央医院（即现在的北京医科大学人民医院）。

1916年12月，伍连德因为"在中国尽瘁于医药行政与研究工作"，被香港大学授予名誉法学博士。同时另一位被授予名誉博士的是为完成京张铁路作出巨大贡献的著名铁路专家詹天佑。在香港短短的一周时间里，伍连德认识了北京协和医科大学和美国洛克菲勒财团的重要人物，增进了彼此的了解，1924年洛克菲勒基金会向伍连德提供资助，使他有机会赴美到约翰霍普金斯大学，进修公共卫生学。

创建中华医学会

1907年，伍连德到上海。他开始与外国在华医药传道领袖接触，不久加入他们的会社。

1910年，伍连德在奉命前往东北扑灭鼠疫之前，就觉得有必要组织一个全国性的医学会，即在报上刊登启事，倡导组织国家医学会。

1914年5月，伍连德又在上海与颜福庆等人联名发起，成立中华医学会。经过伍连德等人的积极活动，终于在次年2月上海的集会上，宣告中华医学会成立。这个一成立就联系全国232位会员的我国国家级医学学术团体，以巩固医家友谊，尊重医德医权，普及医学卫生，联络华洋医界奉为学会的宗旨。这次会议着重讨论了医学教育，医学名词编译、家庭卫生医业的注册等问题。会议根据伍连德提名，选举颜福庆为首届会长，伍连德为书记，刁信德为司库，俞凤宾为事务。会址选在上海南京路34号。

1916年2月，在中华医学会第一次大会上，伍连德建议会议应使用国语。这次会上，他被选为会长，并连任两届（1916—1920）。在他任中华医学会会长期间，大力发展会员，开展学术活动，促进现代医学的进步。他为本世纪初我国现代医学的发展作出了可贵的贡献。

他对中国医学史情有独钟，在研究、著述的同时，还认为应联络组织更多有志者对医学发展的历史与成就进行系统的探讨和研究。在他和工吉民等医师的倡议下，1935年秋，在广州中华医学会第三届全国医学大会期间，成立了医史委员会（即今中华医学会医史学会的前身）。该会是中华医学会最早成立的专科学会。

1919年，北洋政府在北京设立中央防疫处，任命伍连德兼任处长。他重视防疫工作，大力主张发展现代医学，但认为不能照搬西方卫生制度。自此，防疫工作正式开始被国家重视。伍连德领导下的防疫组织和人员有效的工作，使长期肆虐于东北大地的瘟疫得到控制。1937年，中华医学会公共卫生学会成立，伍连德被推选为首届会长。

1915年中华医学会成立会上，伍连德还受命创办全国医学杂志——《中华医学杂志》，并任总编辑。该杂志第一期在伍连德等人努力下，于1915年10月出

版，为半年刊，中英文并用。这种中英文并用的办刊
形式为我国之首创。次年3月改为季刊，1924年改为双
月刊，1935年又改为月刊至今。

《中华医学杂志》至今有近百年了，它为促进中
国医学的发展，加强中外医学学术交流，普及医学卫
生知识，提高国人健康水平，都作出了巨大的贡献，
享誉中外，深为学界所推重。

回想当初《中华医学杂志》创刊之际，伍连德就
发表题为"医学杂志之关系"的论文。文章先指出办
杂志的重要性："觇国之盛衰，恒以杂志为衡量。

杂志发达，国家强盛。"继而指出一本《中华
医学杂志》既是代表我国医学科学先进性的杂志，更
肩负着促进国家强大，民族昌盛，人民健康的重任。
"今使医学，不先讲求卫生，更谁促进？徒以内政、
外交、军事、实业各问题为鼓吹，斯望民族之强盛，
是不啻徒沃枝叶，而不培根本矣"，并鲜明地提出：
"立国之道，虽有多端，而吾每于医学，首屈一指
也。"伍连德爱国爱民，强调医学，重视杂志之情跃

然纸上。

山西疫病

1917年11月，内蒙古地区内离包头不远的一个小镇，最先发现有人患病，常发热，咳嗽，痰中带血，并突然死亡。由于往来客商的传带，12月此病就传到了萨拉齐。一些到蒙古运输毛皮的马车夫，又将疫病带向山西归化、丰镇。在这些疫区经商的人们，回家过春节时，又将瘟疫扩散到大同等地。

伍连德在外务部的指令下，于1918年1月3日抵达疫情严重的丰镇，从事防疫工作。但这一次遇到不少非疫病方面的困难。

当时是推翻清帝后建立起来的民国政府统治时期。虽然政府三令五申，控制疫情，但由于令出多门，人事庞杂，收效甚微。当时的内务部主管全国卫生事务，认为责任所在，理当派员前往山西，主持防疫事务。外务部则认为，本部所辖的东三省防疫事务总管理处也有帮助其他地区防疫的职责，于是派伍连德赴晋，平息疫病。山西军阀阎锡山认为，瘟疫在自己的地盘流行，岂能旁观！于是也借助本地教会的力量，组织防疫。三方各自为政，没有统一的指挥机构，更没有任命一位精通医学和防疫的专家主持防疫大事，所以控制疫势的工作进行得不顺利。

由于没有精通的专家主持其事，结果造成了许多失误。其中最大的失误是当局为了切断传染源，从1月9日起将火车交通完全停止。一些返乡过年的人只好乘其他交通工具，结果还是把疫病带到山西。

他们没想到火车比其他陆路交通工具的管理要完善一些，检疫、隔离等工作也更容易一些。如果让火车继续运行，而加强旅客管理，采取有效的检查，隔离等防疫措施，把发现可疑的传染者控制起来，不让他继续旅行，那么疫病就不致于扩散至山西的大部分地区。由于这一失误，造成疫病在山西的大流行。

给伍连德在丰镇防疫工作带来直接影响的是一位美国医生，他叫埃克弗德。这位医生自愿与伍连德合作，但他处事草率，引起当地村民的不满，导致对立情绪，致使伍连德的防疫工作也受影响。为此，伍连德改用天津北洋医科大学全绍清教授主持所有的检验和解剖工作，遂使防疫工作顺利进行，直到平息疫病。

东北第二次鼠疫大流行

1920年10月，驻扎在海拉尔铁路桥的一个俄国卫兵的妻子患鼠疫身亡。接着，她的五个儿子也跟着染疫死去。卫兵本人染疫后，住进医院，使同时住院的中国士兵感染，其中有三人死亡。这些士兵散漫闹事，根本不遵守医院的隔离制度，仍与市民往来，遂将疫病传向市区。由于隔离不当，病人随地吐痰，尤其是小客栈拥挤，更加剧疫病的爆发。

达莱诺尔是一个有4 000名工人的煤矿城市。第二年1月2日，有一位海拉尔的病人来到这个煤矿，住在一个17人的大房间里，结果17人统统染病身亡。疫情发展很迅猛，到了第三个星期，每天死亡30人，到第四星期则每天死亡40人。到2月10日，死亡人数已达

491人。引起俄国人的极度恐慌，他们向中国人求援。

2月11日，伍连德带领中国的防疫人员抵达疫区。疫区的所有行业均告停顿，病尸随处可见。伍连德来到后，立刻组织力量将病尸全部火化，同时劝告居民移居房外，对房屋进行消毒。当地群众积极配合，疫势逐渐缓和，到5月19日就被完全控制住了。这个煤矿总共有1 000名工人染病身亡，是东北第二次鼠疫流行时死亡比例最高的地方。

1月12日，鼠疫病菌又通过煤矿播撒到满洲里，致使当地居民1 141人死亡。疫情进一步蔓延，波及齐齐哈尔、哈尔滨、长春等地。仅哈尔滨一地就死了3 125人。

哈尔滨像第一次鼠疫流行时那样仍是防疫的大本营，伍连德就是这个大本营的"司令官"。当海拉尔传来疫情时，伍连德立即召集有关人士开会，部署防疫措施。除原先的防疫医院收容病人之外，还马上建立新的隔离营。并要求市民早晚各测量一次体温，一旦发现有人发高烧，便立刻送往隔离营，以防传染。

因为当时对鼠疫还没有有效的治疗方法。

哈尔滨发现第一例鼠疫病人是在1910年12月。哈尔滨在第一次鼠疫流行时，仅有人口7万，但染疫而亡的就有7 000人。近十年间人口不断增长，到第二次鼠疫流行时已有30万人，但只有3 125人死亡。这是十年来科学进步和加强防疫的结果，其中有伍连德洒下的汗水。

由于有第一次防治鼠疫的经验和后来在各地建立起来的防疫医院等机构，在伍连德的组织和领导下，使第二次鼠疫大流行得到控制。

鼠疫研究

为了弄清肺鼠疫的发生、传播途径，伍连德从传染此病的土拨鼠着手。

1911年7月，伍连德刚从天津回到哈尔滨，就接到俄国柴波洛耐教授的邀请。请他一起组建中俄联合考察队，一同前往满洲里、西伯里亚一带进行以搜集土拨鼠资料为主要内容的疫病调查。

中俄联合考察队由伍连德和柴波洛耐领导。他们乘坐着马车，在10名骑手护卫下，于7月21日，到达满洲里。后来又赴青丹史克，阿拉伯史克及西伯利亚附近的村庄，一路风餐露宿，都没有找到患病的和死去的土拨鼠。

最后他们到了蒙古人居住的克洛尼。在那里找到了土拨鼠，外形大如猫。当地人认为，土拨鼠是传染鼠疫的动物，而且还会将疫病传给人类。但这种说法还没有被实验室的检验所证明。在这里伍连德找到了病死的土拨鼠，并发现它的脾脏上有染疫的现象。

1911年8月，伍连德参加在伦敦召开的国际医学大会。在会上，他报告了根据调查研究写成的论文《蒙古土拨鼠与鼠疫的关系之考察》。论文还在当月的伦敦《柳叶刀》杂志上刊行。

关于土拨鼠的第一次实验是在沈阳进行的。他们用一种比较小的土拨鼠，这些鼠通常在坟墓旁筑穴而居。实验的目的是要弄清它们吃了患疫的腐尸后，是否会被传染，并殃及人类。伍连德等人将鼠疫菌接种到12只小鼠身上，结果其中8只染疫而亡。同时，他们还发现其余未死的病鼠所呼出的气体，会使人传染上鼠疫。

第二次鼠疫流行之后，伍连德组织东三省防疫事务总管理处的医务人员，前往西伯利亚，对土拨鼠作进一步的考察，以探求鼠疫的病源。他们详细观察了土拨鼠的习性、形态以及对鼠疫的感受力和附在它们身上的蚤的情况。研究发现，土拨鼠受传染的途径，不仅经过皮肤，而且亦可通过口鼻吸入。发病时，也像人类发病一样，高热，咳嗽，吐血，很快死亡。他们还对附在土拨鼠身上的蚤进行研究，发现蚤也是传播疫病的媒介。他们观察了一只饿蚤，差不多每隔五分钟就咬人一次，蚤通过咬人的皮肤而传播了疫病。

1925—1926年，伍连德与吉德默合作发表了《关于土拨鼠与花金鼠肺鼠疫的系统病理研究》。1928年，他又在美国卫生杂志上发表《野生啮齿动物的患疫情形》。这些研究对于肺鼠疫发病机理作了深入的阐述。

对病疫而亡的尸体进行病理学和组织学研究，是整个鼠疫研究的重要方面。关于鼠疫的病理研究，日本，俄国、美国的结果存在分歧。所以，我国更有必要进行研究，从而获得自己的结论。

但是，当时我国精通病理学和组织学的专门人才很少，设备条件完善的实验室也不多，所以在第一次东北鼠疫大流行时，一般医生能搜集一点材料以备日后研究之用，已经相当不容易了。幸好，伍连德精通这两门学科。他在英国剑桥留学时，教他病理学的是胡德汉教授，教他组织学的是毕格教授，这两位老师都是当时颇负盛名的专家。在名师的指点下，伍连德打下了坚实的基础。不过，实验条件一时尚难完备。

这时有一个机会，新成立的"中华民国"政府派伍连德出席在荷兰海牙举行的第二届国际禁烟会议（1912）。会议一结束，伍连德就横渡英吉利海峡，到剑桥大学，拜望了胡德汉教授。在胡德汉教授的支持下，伍连德在教授的实验室里，和教授一起考察了他从中国带来的肺鼠疫病人的组织标本，进行了一个多月的研究，最后发表了《关于肺鼠疫的病理》的研究论文。

1920—1921年，第二次东北鼠疫大流行时，中俄两国医生合作，在呼伦贝尔检验了16具病尸。后来又在哈尔滨检验了43具。检验病尸是一项十分危险的工作。一般先把要检验的病尸放在木架上，由两个侍从抬入室内。检验室里有三个医生，一个助手。为了安全起见，所有的人必须戴口罩，手脚分别套上橡皮手套和靴子，而实际操作者再套上一副长而厚的手套，保护手指及手腕，以防意外。为了进一步减少感染的机会，只由一位医生负责从病尸体内取出器官和组织，其余的人作一些辅助的工作，如传递工具之类。标本取出后，遂将尸体用一块经消毒过的布包裹起来，然后用木架抬往火葬场焚化。所有用过的工具及手套投入锅中煮沸消毒。

1921年，伍连德与日本富士浪教授合作，共同对当时发生的鼠疫进行研究，他们将结果写成一本书，名叫《1921年满洲鼠疫的病理研究》，该书图文并茂，公开出版。他们的研究结果：在肺鼠疫中，最重要的组织变化发生在肺部及附近的支气管淋巴腺。组织发生变化后，病菌便大量繁殖。尤其在淋巴管内，病菌聚集得最多。病菌沿着淋巴管扩散到全身的其他部分。他们还发现病菌可以从呼吸道直接进入人体，使肺部发生变化。这一点不同于有的美国和俄国医生的研究结果，美俄医生认为，病菌先进入扁桃体，然后才进入肺部。

伍连德将肺鼠疫的研究结果与腺鼠疫进行对照，内容分地理关系、原因、传染、症状、预防、治疗六项，并编绘成图文并茂的挂图，作为简易教材，向普通防疫人员传授，同时也作为宣传画张贴，向疫区民众普及有关鼠疫的防治知识。

由于伍连德的杰出业绩，他于1922年荣获上海圣约翰大学荣誉科学博士；1926年又获日本东京帝国大学荣誉医学博士及苏联科学院荣誉院士，苏联微生物学会外国会员等称号。

赴美深造

1924年8月，伍连德接受洛克菲勒基金提供的资助，由上海乘坐一艘豪华的总统号轮船前往美国。船抵旧金山登陆。伍连德先到设在佐治亚州里斯保的疟疾研究所。这个研究所由著名的达林教授主持，专门从事疟疾及其相关问题的研究。伍连德要在这里考察蚊子在水池沼泽中是怎样孳生的。当时，伍连德45岁。为了研究，他常常和来自巴西、阿根廷、巴拿马以及美国各州的学者，深入黑人居住的低矮简陋房宅，捕捉各种蚊虫，带回实验室，做各种检查。有时，为了搜集有关蚊子的各种资料，他们要在沼泽中跋涉一两个钟头，但却"不以为苦"。

伍连德在美国南部逗留了一个月之后，他和另外几位外国同事一起前往马里兰州巴尔的摩市。那里有由洛克菲勒基金出资创办的霍普金斯大学公共卫生学院。该学院吸引各国公共卫生领袖和行政人员来接受培训，获取新知；同时，将各国特有的经验传授给大学生。实际上是给各国公共卫生学者提供一个固定的交流学术的场所。伍连德在那里也介绍了我国东北三省防疫的经验，同时与其他国家的同事交流了学术见解。伍连德等40位同学在霍普金斯大学度过一年，到了第二年（1925）7月，期满毕业，获得学院发给的一张证书。这张证书到了1939年改为霍普金斯大学公共卫生学硕士学位。

在美国一年时间里，一有空暇，伍连德就去各地旅行，美国人给他的印象是坦荡、有礼貌、善交谈，不同于英国人要经第三者介绍才能结识。他还了解到黑人生活、权利的变化。参观了美国的一些学校、研究机构，在芝加哥一个叫麦可密克社里，他看到迪克夫妇正在研究一种用于预防猩红热的针剂。猩红热当时在我国华北地区流行，伍连德表示愿意将他们的针剂介绍给中国患者，得到他们的赞许。迪克夫妇还向他介绍了他俩发现的一种检查儿童是否患猩红热的方法，叫"迪克试验"。猩红热是一种主要在儿童中流行的传染病。中国在1873年前，并不知道现代意义上的猩红热。1902年，上海发现患猩红热的病人共有

1 500人。后来此病陆续传到天津、北京、奉天（沈阳）和哈尔滨，此病死亡率很高。1925年，伍连德从美国回国，引进迪克夫妇检查猩红热的方法，在哈尔滨实验室作了第一次"迪克"试验。自此之后，猩红热的致死率逐渐下降。这项工作在远东是最早的，比日本人还要早。虽然日本人在任何医药或细菌研究方面都要争先，但此项工作他们落后了。

创办哈尔滨医学专门学校

伍连德是我国现代医学教育事业的开拓者之一。他早在1914年积极向美国洛克菲勒基金会派出的中国医学委员会进言，要求在北京地区建立一所现代化的医学教育机构，他的一系列建议都被采纳了。1921年，北京协和医学院落成，伍连德为之花了不少心血。

1919年，哈尔滨流行霍乱，仅有13.5万人口的哈尔滨，死亡达4 808人。伍连德利用滨江医院收治了近2 000名病人。1920年，东北第二次肺鼠疫大流行，伍连德采取一系列防疫措施，使疫情迅速得到控制，死亡率明显下降。1926年霍乱又在全国流行，伍连德领导的东三省防疫事务总管理处的医务人员又投入到各地的防治工作中。由于数次疫情，使他们到处奔波，深感医员不足，特别是防疫、检疫人员不足。

另一方面，由于1903年中东铁路建成之后，哈尔滨人口猛增，发展成为近代都市和交通枢纽，居民医疗与城市卫生都需要相应的医疗机构。而当时本地只有少数的中医和外国医生。

1926年，东三省防疫事务总管理处总医官林家瑞建议，利用东三省防疫事务总管理处与滨江医院的人员和设备，自办医学学校培养医师，以适应社会需要，这得到伍连德的赞同。并经伍连德多方游说、筹资，取得外务部和哈尔滨海关、银行、工商界的财政支持，经东三省特别区行政长官公署批准，组成董事会，于同年9月8日创办了滨江医学专门学校（次年改称哈尔滨医学专门学校）。伍连德任校长，林家瑞任教务长。邀聘防疫处、铁路、海关及各大医院专家任教，学制四年，以英语授课。这是我国东北边陲最早由中国人自办的医学校，后来发展成为哈尔滨医科大学。1930年5月，由于伍连德在各地多处兼职，遂由李希珍代理校长。1931年"九一八"事变，东北沦陷。11月，伍连德辞职南下。

收回海港检疫主权

我国的海关检疫始于1873年，上海和厦门海关率先实行检疫，当时主要是为了防止在泰国和马来西亚流行的霍乱传入。但鸦片战争以后，我国海关主权被帝国主义控制。我国海港检疫权，亦同样被外国人所把持，由外籍医生担任检疫医官。他们对海关检疫不重视，对传染病流入我国持漠不关心的态度，所采用的隔离方法陈旧落后。如1875年，国外的霍乱仍由港口传入，并在上海流行。

辛亥革命后，在爱国、民主运动推动下，以卫生署技监伍连德为首的爱国医家向有关当局多次呼吁"自己办检疫"，并以伍氏领导下的东三省防疫事务总管理处属下陆路与海港检疫所的技术业务为基础，提出收回检疫主权，统一全国检疫事宜的主张。1923年前后，伍连德先后派邓松年，史纬华医生赴安东（今丹东）检疫所，派李大白医师赴满洲里检疫所，主持陆路国境检疫工作，这些均为我国收回检疫权之前奏。

1924年，泛太平洋保存食品会议在檀香山举行。会上，伍连德力陈海港检疫改革的必要。两年后，伍连德再次倡导检疫主权应归属中国政府卫生署，由中国人担任检疫医官的主张。1929年12月，国际联盟卫生处派调查团来华调查检疫，伍连德、金宝善、蔡鸿三位博士参加该团。伍连德等向南京政府提交收回检疫主权的书面报告，经交涉与该团达成协议。随后，国民政府卫生署委派伍连德负责收回主权事宜。

1930年7月1日，全国海港检疫事务管理处在上海成立，直属南京政府卫生署管辖，伍连德任监督（处长），接管外国控制的海港检疫机构。从此，海港检疫主权收回到中国人自己手中。全国海港检疫事务管理处设在上海黄埔海关公署，下设总务部、防疫部、消毒部和医药部。伍连德兼任总务部部长。所管辖的范围，除上海外，还有厦门、汕头、牛庄、汉口、安东（丹东）、天津、大沽、秦皇岛和广州等地区。同时鉴于上海为我国对外贸易枢纽与重要通商口岸，成立了上海海港检疫所，伍连德兼任所长。

伍连德自任全国海港检疫事务管理处处长之后，为了沟通各方关系，每年举行一次年宴，宴请与海港检疫有关的外国人士如外国驻华领事、专员、银行家、海关官吏、轮船职员等，并借年宴之机，感谢有关方面的配合与支持，同时向他们重申防疫的重要意义，介绍我国海港检疫的工作情况。第一次年宴是在1930年12月9日举行的，来宾有120人。第三次年宴上，伍连德向来宾报告了全国海港关于鼠蚤的调查。他说，有一次，工作人员在691只老鼠中捉到了3 455个跳蚤。后来在消毒船只时发现的2 867只老鼠上又找到不少跳蚤。虽然在这些活的或死的老鼠身上都没有发现病菌，但调查的结果仍需向日内瓦国际联盟卫生组报告。这类调查也在厦门和汉口等地进行。

在伍连德的主持下，全国海港检疫事务管理处除了港口例行检疫工作外，还组织人员进行霍乱、猩红热等传染病的防治以及研究工作。如针对猩红热，伍连德曾作了专门的研究。他向全国各地发出调查信，征询几个问题。根据反馈回来的资料，他加以分析、归纳，总结出几点结论：

（一）猩红热在华南是几乎没有的，在上海与华中相当厉害，在华北最为严重；

（二）中国人比在中国生活的西方人患猩红热时所表现出来的病情要严重得多；

（三）中国人之所以严重的原因大概是此病新近传入，人体的自然免疫力尚未增强。

后来他发表论文，指出猩红热是一种温带的疾病，在热带中几乎没有听说过。

在伍连德的领导下，全国海港检疫事务管理处成立后的几年里，陆续从外国人手中收回各沿海和沿江口岸的检疫机构，统一口令，开展业务，为我国海关检疫开创了新的篇章。伍连德亲自制订的全国检疫条例，并由国家卫生署颁布实施，标志着我国检疫卫生进入新的阶段。

在1930—1937年，伍连德为我国检疫工作培训人才，开展科学研究，创立检疫医院（隔离所）、消毒所，充实医疗设备及交通工具等。对我国检疫事业作出了重大的贡献。

防治霍乱

在旧中国，霍乱与鼠疫好像是一对"孪生子"，这两种瘟疫肆无忌惮地轮番蹂躏着中国人民。伍连德先后参加过三次霍乱大流行的防治。第一次在1919年；第二次在1926年，第三次在1932年。

1919年霍乱流行，其中以哈尔滨最为严重。那一年夏天，天气特别炎热，水又缺乏，老百姓为了解渴，生吃未洗净的瓜果。当时城区扩展太快，缺乏配套的卫生设施，以致垃圾堆积，苍蝇成群，这些都给霍乱的爆发提供了条件。

霍乱是一种急性胃肠道传染病，表现为起病急骤，呕吐剧烈，腹泻不止，最后因痉挛而死，死亡率颇高。8月3日，哈尔滨发现第一例霍乱病人。由于伍连德他们预先有防备，建成一座能容纳300人的防疫医院，所以他们决定收治这位病人，不幸受到病人的拒绝。结果这位病人在不到24小时内死去。8月5日又出现一例。以后几天，陆续发生。至8月15日，在中国辖区已有207人感染霍乱。事后统计，当时哈尔滨市的人口仅有135 000人，死于霍乱者就有4 518人。在死者中，除中国人外，还有俄籍、日籍侨民。

　　在这次霍乱大流行中，伍连德积极开辟隔离医院，收治、抢救霍乱病人达1 971例。他还收集疫情资料，分析气温与发病和死亡的关系。他和同事们，针对腹泻引起的水电解质紊乱，采用洛奇的方法，用氯酸钠、二氯化钙，氧酸钾和蒸馏水配成的高浓度补盐液静脉滴注，收到满意的疗效。这次防治霍乱，伍连德获得了很多经验。他将这些经验和体会，写成一篇题为《1919年中国之霍乱》的论文，发表在当年的

《中华医学杂志》上，供各地疫区医生防治霍乱时参考。

在伍连德主持全国卫生检疫工作之后，更是把检疫工作与霍乱防治结合在一起。后来他又将预防霍乱列为全国海港检疫事务管理处的重要工作之一。

据有关资料记载，霍乱最初流行于印度。因为印度宗教的关系，恒河被视为圣水，吸引许多香客去喝饮。霍乱流行时，有人竟向河中抛掷尸体，致使河水污染。最迟不晚于1817年，印度孟加拉人患过此病。以后，由于水陆交通便利，霍乱病先后传到东西方。传向西方的途径有三种：第一种是经过阿富汗、波斯（今伊朗）、中亚而至俄国东部；第二种是经过波斯海湾而抵达多瑙河流域国家；第三种是从印度洋通过海路而至亚登、麦加，埃及和地中海沿岸国家。

霍乱在印度和其他几个东亚热带国家最为流行。由于我国人民有几种良好的习惯，如我国人民喝开水，或用开水沏茶喝；我国不信奉要求人们喝受污染的水的宗教；我国多将粪便送往田里作为肥料，而不是倒入河中，给病菌提供传染的机会，因而在1817年以前我国没有霍乱。直到这一年，霍乱通过陆路传入我国，并在各地流行。

1926年是霍乱猖獗的一年，造成亚洲大流行。那一年死于霍乱的人数，印度为72 859人，泰国为10 655人，印度支那19 029人，菲律宾690人，而日本由于有良好的检疫制度，只发生26起。在中国，长江流域城市如上海、南京、苏州、无锡、湖州、安庆以及南部如福州、厦门、汕头、广州等地都发生霍乱。其中上海一地就有2万多人染病。而东北，由于伍连德主持防疫工作，而且与日本卫生当局密切合作，只发生1 500例。可见，有无防疫措施其结果大不一样。

1930年全国海港检疫事务管理处成立，在伍连德领导下，开始着手霍乱的流行病学调查。调查工作持续了三年。1933年，他们发表报告：

（一）1931年洪灾后，当年秋冬季，上海有几处发生了霍乱；

（二）1932年霍乱大流行，几乎各省均波及，共死亡人数达10万之众；

（三）1933年全国性的霍乱流行被平息，但在武汉尚有几处发生。

现代医学研究表明，霍乱是由霍乱弧菌所致的一种肠道烈性传染病。霍乱弧菌属革兰氏阴性菌。此菌耐碱性，对酸特别敏感，在正常胃液中数分钟即可杀死。该菌在55℃以下30分钟就会死亡，在沸水中可立即死亡。病人和带菌者为传染源。通过水源、食物，生活接触而传播。发病突然，吐泻剧烈，排泄物无色，清净、米泔水样，严重脱水而死亡。如及时治疗可逐渐恢复。目前仍为我国规定的甲类法定传染病之一。

兴办医院

伍连德在任天津陆军医学堂副监督时，发现学堂只有一间设备简陋的小医院，没有一座附属的现代化医院，学生没有实习的场所，这不利于学生的融会贯通。因此，在以后的三年里，他每次去北京晋见陆军总长与次长时，都要提出同样的一个请求，即建立一座大规模的西医医院，一方面以应学生实习之需，另一方面可以收治患病的士兵。但对于他的请求，当局有一个托辞，他们说中国士兵不习惯西医治疗。伍连德倡议兴建现代化医院的理想未能实现。

1911年4月在沈阳召开国际防疫会议上，伍连德再次呼吁创建几座西医院，得到与会者的支持。

1911年9月，哈尔滨医院所选的院址当时属俄国铁路局。伍连德亲自去找局长贺威将军，说明缘由，他表示愿意相让。这座医院分东西两部分。1912年建成，伍连德亲自兼任院长。以后发展成为一座拥有门诊、病房、手术室、实验室、图书馆的现代化医院。

1922年，奉系军阀张作霖与直系军阀吴佩孚混战，由于战争激烈，伤兵很多，急需扩大医院以为收容和医治。张作霖、张学良父子决定建立一座现代化陆军医院——东北陆军医院。并将该医院建设计划和组织工作全权委托给伍连德。这座医院建成之后，战时用来疗治受创伤士兵，平时可为平民服务，同时亦可用于训练军医。

齐齐哈尔是哈尔滨通向西伯利亚铁路线上重要的一站，1911年鼠疫流行时，满洲总督就拨款45 000元，建立防疫医院。当时，道尹宋晓廉，请伍连德负责该医院的筹建和设备的配置。这座医院建成后，可收治60个病人，另有门诊部，对一般平民开放。1912年，伍连德还在东北各地，如满洲里、黑河、滨江、依兰、营口等处设立防疫医院。

1915年，袁世凯任总统时，我国较完善的大医院皆为洋人所设，伍连德倡议我国人自行创立中央医院。当时财政部长周学熙拟请伍连德在香山建立一座结核疗养院，而伍连德则借拜见财政部长周学熙之机，建议在京城内修建一座国人自办的大型医院，并提交了一份在北京建立一座规模较大的现代医学中央医院的计划。周学熙答应将结存税款126 000元作为基金，并请伍连德作为医务监督，监督除财政外的一切事务。经费不足，由伍氏负责筹措。为了实施这一计划，当时在中山公园会议室召开了有不少大人物参加的会议。出席会议的有财政部长周学熙，内务部长朱启钤、外交部长曹汝霖、司法部长章宗祥、内阁秘书长林长民、交通部参事王景春以及施肇基、吴景濂等。除财政部长事先答应拨款10余万元外，会上即席募得11万元。会后不久，就在西城区阜成市场谋得一块地皮，由一家德国建筑公司承包。后来由于日本提出不平等的"二十一条"，袁世凯企图称帝，政局动荡，影响了医院款项的募集。后来，克服了困难，终于使医院于1916年奠基。

1916年12月出版的《中华医学杂志》第4期刊登了伍连德撰写的《北京中央医院之缘起及规划》一文。文章写道，"北京首善之区，中外观瞻所注，求一美备之医院亦不可得。当前清季年，东省鼠疫盛行，死亡6万余人，旋经救止，当局方悟新医之急，须谋进业，纠集巨款，先就都门建一模范医院"，内务部批准医院建在"北京阜成门内大街，帝王庙隔壁。"并详细叙述了第一层到第四层的安排。由此可见，在中央医院的建立上，伍连德倾注了不少心血。

经过伍连德不懈的努力，1918年1月27日，北京中央医院终于落成，伍连德任院长，并在这里工作了四年。这座医院比1921年用美国洛克菲勒基金建成的北京协和医院早三年。后来大连修建满铁医院时，曾向伍连德索取它的建筑图纸作为参考。建国后，中央医院改称人民医院，现为北京医科大学附属医院。

1930年，伍连德出任全国海关检疫事务管理处第一任处长。在这之后的七年里，在其下设的各口岸，如上海、厦门、天津、大沽、牛庄、青岛、安东、武汉（包括汉口、武昌及汉阳）、广州及汕头等城市，先后建立服务站。并计划每一个服务站下分设一个医院、一个实验室和一个职工宿舍。虽然当时国际形势大乱、国内政局不稳，但在伍连德领导下，这个计划基本完成。所属的防疫医院，尚有一部分是从外国人手中接受过来的。在上海这类防疫医院就建了三座，两座在吴淞，一座在黄浦江西边。

总之，伍连德先后发起或主持兴办检疫所、医院、研究所共22处，床位2 387张。这些医院都是西式的，即用西医诊断，西药治疗，与我国固有的中医完全不同。

反对吸食鸦片

葡萄牙人最早将鸦片输入中国。后来，英国人也参加进来，先是零星的，以后便是有计划的。到了1781年，英国东印度公司大行其道，鸦片源源不断地输向中国。鸦片昂贵，所以最早吸食鸦片的是富人，接着是商人，后来连读书人，政府官员也染上毒瘾。在北京，甚至太监、宫女也捧着烟枪。毒祸遍及全国，不论贫富，鸦片不能不抽，积久成习，致使吸毒者身体羸弱，骨瘦如柴，从而丧失劳动力。同时，耗费巨资，以致家破人穷，有的甚至卖儿鬻女，最终因贫病交加而亡。于国，则使国库空虚，民病而无御敌之兵。实在是祸国殃民！

伍连德对此恶习深恶痛绝。他早年在南洋时，就积极参加禁烟运动。回国后，他仍继续为禁绝民众吸食鸦片而努力。1911—1913年，伍连德先后出席在荷兰海牙召开的第一、二次鸦片会议。当时有一位英国人叫胡德海，他曾在沈阳国际防疫会议期间担任秘书和速记员，会后他出任天津《时报》总编辑，在反对鸦片上，与伍连德可谓是志同道合。两人互相支持，致力于禁烟事业。胡德海经常在《时报》上刊登平民吸食鸦片后的丑态以及海关查出的毒品；并为伍连德提供不少资料。伍连德则多方搜集材料，写成文章，向公众演讲，或发表在报纸和杂志上。

我国政府对鸦片的态度是明确的。清道光年间曾下禁烟令。1839年，钦差大臣林则徐举行闻名中外的"虎门销烟"。辛亥革命后，民国政府一度禁烟严厉，曾订了几条严厉的法律，务使人民遵守。有的省，对吸食鸦片者，可以处以死刑。但好景不长。1917年，内战爆发，军阀为了筹足军饷，大开其禁，允许种植罂粟和贩卖鸦片，从中抽税以应军需。对此，伍连德予以抨击。1919年，伍连德受当时总统徐世昌的派遣，前往上海查禁烟土，焚毁大烟土1 200箱。《中华医学杂志》记其事："上海海关存土1 200

箱……自英国运土入华，吾华民之受烟毒者，何可胜计。近年来禁烟政策，类皆阳奉阴违……此次大批焚毁，不仅对于友邦表示真挚之心，且警醒吾民于优游之梦。本会会长伍连德博士代表外交部于1月初到上海验查存土，并监视焚毁。计每箱装土40枚，每枚值银500元以上，故每箱计值2万元以上，而1 200箱，约值2 400万元……倘不焚毁，其流毒之巨，可限量乎！"

1931年，伍连德又在上海《中国国民》周刊上，发表一篇反对鸦片的文章。文章说，今日在学校里，教师竭力宣传鸦片之害，而政府却为筹军饷而在毒品上征税，不以为耻。并尖锐地指出：此祸不除，国将无存。

不知疲倦的学问家

伍连德是一位不知疲倦的医学学术活动家，一生访问了欧、美、亚近20个国家，曾多次代表我国出席国际学术会议。

1911年4月，在沈阳召开的国际鼠疫会议任主席；

1911—1913年先后出席在海牙召开的第一、二届国际禁烟（鸦片）会议；

1912年8月，出席在伦敦召开的国际医学大会；

1913年，在美国布法罗参加国际学校卫生会议；

1916年，在上海召开的国际医学联合会即第三届会议当选为主席，并连任两届至1920年；

1923年，参加在新加坡召开的远东热带病会议；

1924年，参加在檀香山召开的泛太平洋保存食品会议；

1925年，参加东京第六届远东热带病会议；

1927年，参加檀香山泛太平洋外科会议；

1927年，应国际联盟卫生局邀请视察20多个国家，为我国争得了极大的荣誉。并代表中国出席国际联盟在印度加尔各答召开的第七次远东热带病学术会议，被选为副主席，国际联盟卫生局聘伍连德为鼠疫专家及该局中国委员；

1927年，出席巴黎国际狂犬病会议；

1929年，中国政府派伍连德为团长率卫生检疫代表团前往美国纽约；

1931年5月，中央卫生署派伍连德代表署长刘瑞恒出席日内瓦国际联盟卫生会议，提出我国三年卫生计划，博得好评；

1934年，参加在南京召开的第九届远东热带病会议；

1937年，出席在万隆召开的远东各国乡村卫生国际会议。

伍连德学术造诣精深博大，曾发表学术论文100多篇，专著多部。论及公共卫生、传染病、流行病，医学教育、医药管理、海港检疫、中西医问题，医学史、毒麻药品等诸多领域。他所著《肺鼠疫概论》（Plague=: a manual for themedical and pub1ic health workers.Shanghai Nationa1Quarautine Setvice，1936）、《中国医史》（与王吉民合著.K.C.Wang and WuLien—Teh.Histoty of Chinese Medicine.Tientsin，1932）是两部具有里程碑意义的著作。此外，还有

《论肺鼠疫》（Atreatise on Pneurnouic Plague.L.o.N Geueva.1926）、《霍乱概论》（Cholera: A Manual for the Medical Profession in China.Shanghai National Quarautine Setvice，1934）《鼠疫斗士》（Plague Fighter: The Auto biography of a Modern Cinese Physician Canbridge: Heffer，1959）等。并编辑出版《民国二十年（1931）全国海港检疫处刊》第一卷。

1923年，伍连德作为第一次中日交换教授到九州、京都、东京各帝国大学讲学。他还曾任东方事业上海委员会委员、禁烟委员会委员、南京国民政府卫生署技监、军政部陆军署军医司长及编辑馆细菌免疫学名词审查委员等职务。

1933年，伍连德与颜福庆等在上海发起并成立了中国防痨协会，并任常务理事。所谓痨是指结核病。结核病是由结核杆菌引起的，可侵害各器官的一种全身性慢性传染病。发病率很高，主要通过飞沫经呼吸道传染，是一种危害人类的严重疾病。在20世纪上半期尤其是链霉素问世前，除了加强营养，增强体质，促进自愈外，没有根治的药物，因此预防，切断传染源，显得更加重要。火葬是最经济、最卫生、最美化的埋葬方法，尤其对结核病传染性来说更有防疫上的意义。1936年，他报请上海市政府建议修建上海火葬场。他的建议得到政府的大力支持，批准筹建一座占地7英亩（约2.8公顷）的火葬场。他们积极筹款，用募来的4万元作为地基之资，准备修建。不料，第二年日本进攻上海，所有工作均告停止。

拳拳爱国心

伍连德虽然出生在国外，自幼接受外国教育，但流在他脉管内的华夏民族之血，使他没有忘记祖国，华侨家庭的民族文化的熏陶，使他自幼就确立了民族自尊，他热爱祖国的思想伴随他走过整个人生。

1915年，日本帝国主义提出灭亡中国的"二十一条"，激起全国人民的愤怒。在哈尔滨一次群众抗议集会上，工人张泰发表演说，悲痛万分，刺腹血书"誓死报国"。伍连德深受感动，当即将他收住在滨江医院，并亲自救治。

1916年前后，伍连德读了美国医史学家嘉里森（Garrison）所著的《世界医学史》（History of Medicine）后，发现这部近700页的书中谈到中国医学尚不足一页，而且还有谬误。伍连德致函作者质询，嘉里森复函：既然中国医学有许多有价值的知识，为何中国人自己不向人们宣传介绍呢？伍连德读后震动很大，他把信转给王吉民医师看。两人深感必须对中国医学史进行研究，将中国传统医学的历代发明制造与宝贵内容向中外读者广为介绍。于是，他俩满怀中华儿女的爱国之心和赤诚的民族自尊之心，通力合作，经过近十年的研究，终于写成《中国医史》（History of Chinese Medicine）一书，1932年出版，流传国内外，以后还多次再版。这部著作全部用英文写成，用心很明确，就是要使外国人知道不仅中国有悠久的历史，而且还有与之历史同样悠久的独特的传统医学。告诉人们，我国具有悠久历史的传统中医学及其丰富的内涵和科学价值是不容忽视和低估的。

伍连德对中国传统医学持科学的态度，他对中国古代流传下来的许多医药卫生格言，大加称赞。在晚年所著的《自传》中曾这样说："不顾中医之效如何，中国自古代传下来的医学格言，却具有绝大价值的，无论从西方的或东方的医学观点，这些箴言都是确当的。"并列举了24条，如不为良相，便为良医；上医医国，中医医人，下医医病；防胜于治；鱼生火，肉生痰，青菜豆腐保健康；病从口入等等。

1919年，伍连德代表外交部在上海监督焚烧鸦片1 200箱。1925年，哈尔滨市群众声援上海"五卅惨案"受难同胞，组织义演，伍连德作为社会名流登台献艺，表演魔术，受到称赞。他力争从外国人手中收回国家检疫主权，是中国爱国民主运动史上光辉的一页。

伍连德是一位胸怀祖国，目光远大的爱国医学家。他在1931年自己用英文撰写的《小传》中写道："我虽然已经做了很多工作，但是仍然有更多的事业等待着我去完成。我深信，中国以她数千年的古老文化，勤劳的农民，富有智慧的思想家和艺术家以及传统的民主精神，使她能够跨入现代国家行列。"

伍连德多次将个人资财捐献给国家文教卫生及公益事业。如1918年向北京协和医院、1922年向文教会捐赠、1936年向北京中华医学会图书馆的捐赠等，处处表现出伍连德对祖国母亲的一片赤诚之心。为中外人士所传颂。

重返南洋

1931年"九一八"事变后，在哈尔滨的伍连德拒绝与侵略中国的日寇合作，愤然出走。这一年的11月16日，伍连德在哈尔滨前往大连的途中，被日军诬陷为间谍，拘留在沈阳。后来，经英国领事出面保释，方获自由，南下上海。

1937年"七七"事变，日寇铁蹄肆意践踏我国大好河山，伍连德被迫离开上海海港检疫管理处，举家出走，去南洋避难，定居马来西亚怡保市，开设私人诊所。

晚年的伍连德有多次的机会进入政界。1945年第二次世界大战结束时，爱德华俭忒总督派人问伍连德是否愿意参加吉隆坡联盟议会；后来在1954年，马来西亚联盟党领袖东姑阿都拉曼和陈祯禄爵士在怡保举行的一次宴会上，也劝伍连德出任政府官员。伍连德认为，自己已进入需要安静休息的年龄，而宦海沉浮，会使人太伤脑筋的。因此，他以年迈为由，一一谢绝，始终不愿卷入政治。

伍连德不愿进入政界，并不漠视有益的社会活动。返回马来西亚，他发现马来西亚、新加坡和印度尼西亚的医学观念比较落后，医疗水平低下。因为英国殖民地有一项传统的制度，即只要不反对殖民统治，他们就不干涉殖民地居民选择宗教与医药的自由。

所以庸医俯拾皆是，他们有中国人、马来人、印度人、巴基斯坦人等。他们凭借伶俐的口才，骗取病人的信任，接受他们的治疗，结果既损失了金钱，又伤害身体。最终是老百姓遭殃。伍连德目睹这一情形，一种医生的社会责任感油然而生。他撰写文章，发表演讲，向大众宣传科学。

1948年，他在《马来西亚医学杂志》上发表一篇文章，题为"马来西亚社会医学的前途"。在这篇文章中，伍连德预言："将来穷苦人民也可像富有和受过良好教育的人民一样，受到照顾。医院和卫生中心里的医生，一定很多——大概二千人中便有一位医生。他们都勤于医治病人，演讲学术，管理实验室及施行外科手术。医药将惠及大众，不再是少数人的特权。

此外，还有旅行或流动的诊所，装备着一个附有显微镜的实验室，前往各处乡村，为人民诊病，同时也致力防患工作，而人民不必花费分文。数年之后，乡民的健康必大为增进，而庸医便不再有勒索之机会，甚至会被迫停业。"

伍连德爱好书籍。除中国医学史和防疫问题的专门著作外，他大量搜集和阅览哲学、历史、文化、艺术的名著。1938年中日战争初期，准备离开中国，重返马来西亚之前，不幸39箱书全部遗失。但是，重返马来西亚后，收藏和阅览书籍的习惯并没有改变，经过20年的辛勤搜集，他的书房又有二千多册新书。伍连德爱好收藏古董。同时，他也知恩图报。伍医生亲受英国剑桥大学及玛丽医院的益处，所以当皇家亚洲学会要在上海建筑会所的时候，他很慷慨地自动捐助三千镑，约占全部建筑费的三分之一。这种知恩图报及崇尚学术的精神，可说是东西文化交流后最好的产品。

返回祖国近三十年，伍连德业绩斐然，晚年，他依然眷恋着为之奋斗一生的祖国。重返北马来西亚之后，他利用行医之暇，花了六年时间，写成一本洋洋五十万言的英文自传，叫《瘟疫斗士——一个现代中国医生的自传》。他在《自传》序言中流露出怀念祖国之情："我曾将我的大半生奉献给古老的中国，从清末到民国，直到国民党统治崩溃。在我脑海中往事记忆犹新。"他坚信："新中国的成立，将使这个伟大的国家永远幸福繁荣。"

　　1960年1月21日，伍连德在马来西亚槟榔屿逝世，享年81岁。

世界五千年科技故事丛书